引航员登离船作业风险管控及隐患排查治理手册

中国引航协会　主编

上海浦江教育出版社
Shanghai Pujiang Education Press

图书在版编目(CIP)数据

引航员登离船作业风险管控及隐患排查治理手册/中国引航协会主编. —上海：上海浦江教育出版社有限公司，2022.9

ISBN 978-7-81121-767-4

Ⅰ.①引… Ⅱ.①中… Ⅲ.①领航—作业—风险管理—手册 Ⅳ.①U675.98-62

中国版本图书馆 CIP 数据核字(2022)第 169513 号

YINHANGYUAN DENG-LI CHUAN ZUOYE FENGXIAN GUANKONG JI YINHUAN PAICHA ZHILI SHOUCE

引航员登离船作业风险管控及隐患排查治理手册

上海浦江教育出版社出版发行

社址：上海海港大道 1550 号上海海事大学校内　邮政编码：201306

电话：(021)38284910(12)(发行)　38284923(总编室)　38284910(传真)

E-mail：cbs@shmtu.edu.cn　URL：http://www.pujiangpress.com

上海商务联西印刷有限公司印装

幅面尺寸：155 mm×228 mm　印张：6.25　插页：1　字数：96 千字

2022 年 9 月第 1 版　2022 年 9 月第 1 次印刷

责任编辑：王　艳　封面设计：赵宏义

定价：37.00 元

编制课题组

编 制 单 位：

中国引航协会

交通运输部天津水运工程科学研究院天津东方泰瑞科技有限公司

主要起草人：

徐凤霞　庄　荣　詹水芬　谢松平　张庆明　杨炳栋　周弘文

刘凤武　许崇标　陆悦铭

审　核　人：

薛一东　陈建华

引航员登离船安全需大家共同努力

船舶引航是既古老又现代的技术职业，是实现水上国际贸易和国际航运可持续发展的重要技术保障。我国部分港口作为古代“海上丝绸之路”的起点，千年的引航促进了东西方的贸易、文化交流和航海技术发展。每次引航始于引航员登船，结束于引航员离船。部分港口水域，因船舶的长、宽和吃水不断增加，已经将航道宽度和水深用到了极限。引航员为通过狭窄航道、特殊水道、运河、海峡、江河、港池等水域船舶提供技术服务，不仅保障船舶航行安全和港内操纵安全，也保障港口设施安全和水域环境清洁。

引航安全，首先是引航员的人身安全。随着船舶日趋大型化，船舶干舷更高，引航员通过攀爬包括引航梯在内的登离船装置高度也更高，一旦发生引航员坠落事故，伤害后果愈加严重。随着到港船舶吃水的增大，登离船水域外移，环境更加恶劣，引航员登离船事故概率增加。

船舶对引航员登离船装置维护保养不当、未规范安装登离船装置、船员对登离船安全重视程度不够等，易发生引航梯断裂、舷梯损坏等情况，增加了引航员坠落风险。引航船作为接送引航员的水上主要交通工具，因其操纵不当、保护引航员不力，引航员受到伤害的事故也时有发生。交通车作为接送引航员的陆上主要交通工具，因驾驶员操作不当或路况的复杂，增加了道路交通事故的潜在风险。直升机作为近年来部分引航机构接送引航员的交通工具，因机组人员操作、设备维护保养等因素，易导致意外航空事故的发生。

据不完全统计，从 2016 年至今，全球至少有 10 位引航员以身殉职，几乎每年都有引航员在登离船过程中发生意外。美国纽约-新泽西港(Port of New York and New Jersey)不足1年的时间内发生了两起引航员坠落死亡事故,如:我国的台湾地区,近5年内也发生了两起引航员坠海死亡事故。2022年2月21日,台湾地区台中港一名引航员在登某集装箱船时不慎坠海不治身亡。2022年7月18日,土耳其亚洛瓦港(Port of Yalova)一名引航员登某油船时,不慎从引航梯上也跌入海中,不治身亡。多年来,我国也发生多次引航员坠落伤亡事故。

国际海事组织(IMO)、国际引航协会(IMPA)、各国政府、船级社、航运企业、引航机构等都非常重视引航员的登离船安全。IMO持续针对引航员登离船装置存在的各种缺陷进行《国际海上人命公约》等相关文件的修订,同时完善引航员登离船装置的国际公约条款及其在船上的安装规定,并强制要求船舶遵照执行。但引航员因登离船发生的伤残、失踪甚至死亡事故还时有发生,且这些事故都涉及到人的操作、设备设施、环境和管理等因素。

我国有2 400余名在职引航员,年引领船舶约38万艘次,发生事故的概率虽然小,但对当事引航员及其家庭带来的伤害却是巨大的。为保障引航员人身安全,中国引航协会组织了以交通运输部天津水运工程科学研究院下属天津东方泰瑞科技有限公司和引航专家为主的引航员登离船作业安全课题组,赴全国主要港口引航机构专题调研引航员登离船作业现状,选用定性定量相结合的系统分析方法,科学、精准地分析了引航员登离船作业各环节中的风险因素,研究制定风险管控及隐患排查治理安全技术要求,提出风险管控对策措施建议,并据此编制了《引航员登离船作业风险管控及隐患排查治理手册》(以下简称《手册》),以提高引航员登离船作业的安全性、规范性。

《手册》不仅适用于引航员、引航船船员、交通车驾驶员等学习掌握相关法律法规,规范指导引航员登离船作业相关风险管控行为,还适用于航运企业、海事院校和海事管理部门学习和参考。

引航员登离船安全需大家共同努力！我相信《手册》的编制对保障引航员人身安全，促进引航安全具有指导意义。

是为序。

2022年8月

前 言

海上运输是国际物流中最主要的运输方式，在我国对外贸易进出口货物中，海运完成的比例近95%。2021年，我国港口货物吞吐量155.5亿吨。随着港口规模及吞吐量的增大、船舶向大型化发展和引航员登离船水域外移，引航员通过攀爬包括引航梯在内的引航员登离船装置至被引船上越来越困难，风险越来越大。引航是海运发展的安全技术保障之一，是港口生产的关键环节，更是一个极具风险的行业。

作为中国"水上国门形象第一人"的引航员，承担着把"世界引进中国，把中国引向世界"的神圣职责。据美国《读者文摘》杂志调查，引航员危险性仅次于矿工和试飞员。引航是世界上最危险的行业之一。

近年来，随着我国经济的快速发展、船舶向大型化方向发展和引航员登离船水域外移，引航员登离船作业中的伤亡事故时有发生。国外引航员在登离船作业时，发生的相关伤亡事故也时有报道。为保障引航员登离船作业安全，中国引航协会组织课题组调研引航员登离船作业各个环节的现状，分析作业各个环节中的主要安全风险因素，研究风险管控及隐患排查治理的基本要求，提出风险管控的对策措施，据此编制了《引航员登离船作业风险管控及隐患排查治理手册》(以下简称《手册》)，以提高引航员登离船作业的安全性，避免类似事故的再次发生。

2020年初以来，新型冠状病毒肺炎肆虐全球。为有效防范新型冠状病毒肺炎，引航员登船引航时需穿着防护服、防护鞋套，佩戴防护口罩、防护手套、护目镜或隔离面罩。引航员穿着防护服影响动作的灵活性，穿抓地力差的防护鞋套极易滑倒，佩戴护目镜或隔离面罩影响引航员对周围环境情况的判断等，因此增大引航员登离船作业的风险。

《手册》主要用于指导引航机构和引航员开展引航员登离船作业安全风险辨识、评估、管控和隐患排查、治理工作。《手册》中列出了引航员水上登离船、码头登离船、直升机登离船、非常规船舶登离船及引航员乘坐交通车、乘坐引航船等的风险管控清单，同时列出了引航机构和引航员行为及引航员落水应急救援的风险管控清单。为便于明确引航员登离船作业过程中各相关方的隐患排查责任，《手册》分别列出了引航机构/引航员、交通车提供方、引航船提供方、直升机提供方、被引船及码头方的隐患排查清单。建议各引航机构将《手册》作为指引，结合本引航机构引航员登离船作业实际，不断补充完善风险管控措施及隐患排查治理要求，并持续改进。

中国引航协会将与海事部门沟通，建议海事部门将引航员登离船装置检查纳入常规检查项目；推进引航梯使用年限的确定工作；推进直升机接送引航员作业指引的制订，进一步保障引航员登离船作业的安全。

由于受编写时间紧和编写人员水平限制，本手册内容难免有不妥之处，敬请批评指正。

《手册》编制课题组

2022 年 6 月

目 录

第1章 引航员登离船作业风险管控手册

第2章　引航员登离船作业隐患排查治理手册

第1章　引航员登离船作业风险管控手册

1.1　适用范围

本手册主要用于指导引航机构和引航员开展引航员登离船作业安全风险辨识、评估和管控工作。

1.2　依据文件

1.2.1　法律、法规、规章及文件

(1)《中华人民共和国海上交通安全法》(2021年国家主席令第79号)

(2)《中华人民共和国道路交通安全法》(2021年国家主席令第81号)

(3)《船舶引航管理规定》(交通运输部令2021年第25号)

(4)《水上交通事故统计办法》(交通运输部令2021年第23号)

(5)《船舶最低安全配员规则》(交通运输部令2018年第43号)

(6)《一般运行和飞行规则》(交通运输部令2022年第3号)

(7)《小型商业运输和空中游览运营人运行合格审定规则》(交通运输部令2022年第4号)

(8)《特殊商业和私用大型航空器运营人运行合格审定规则》(交通运输部令2022年第6号)

(9)《关于加强引航管理的通知》(交办水〔2016〕177号)

(10)《公路水路行业安全生产风险管理暂行办法》(交安监发〔2017〕60号)

(11)《公路水路行业安全生产风险辨识评估管控基本规范(试行)》(交办安监〔2018〕135号)

1.2.2 标准、规范

（1）《企业职工伤亡事故分类标准》GB 6441—1986

（2）《生产过程危险和有害因素分类与代码》GB/T 13861—2022

（3）《引航服务规范》JT/T 948—2014

（4）《引航员软梯》CB/T 3142—2013

（5）《引航员舷梯装置》CB/T 3561—2013

（6）《引航员软梯卷车》CB/T 3727—2013

（7）《风险管理术语》GB/T 23694—2013

（8）《船舶引航气象条件等级》QX/T 333—2016

（9）《国际海上人命安全公约》（SOLAS），国际海事组织（IMO）海上安全委员会（MSC）第 88 届会议于 2010 年通过 SOLAS 第Ⅴ章第 23 条引航员登离船装置修正

（10）《引航员登离船介绍》国际海事组织 IMO A. 1045(27)号决议

1.3 名词术语

（1）船舶引航：是指引领船舶航行、靠泊、离泊、移泊的活动。（《船舶引航管理规定》第三条第（一）项）

（2）引航区：是指在中华人民共和国沿海、内河和港口为引航划定的区域。（《船舶引航管理规定》第三条第（二）项）

（3）引航机构：是指专业提供引航服务的法人。（《船舶引航管理规定》第三条第（三）项）

（4）引航员：是指持有有效船员适任证书，在某一引航机构从事引航工作的人员。（《船舶引航管理规定》第三条第（四）项）

（5）船舶：是指任何用于水面、近水面和水下航行或者移动的船、艇、筏、移动式海上平台，包括国内外商船、军用船舶、公务船舶、工程船舶和渔船等。（《船舶引航管理规定》第三条第（五）项）

（6）被引船：需要引航员引航的船舶。

（7）引航船：也称引水船，是指用于水上接送引航员登离被引船的交通工具。包括引航艇、拖船等。

（8）引航梯：也称引水梯、引航员软梯，是引航员在水上登离被引船的

主要设施。

(9) 引航员登离船装置：是引航员在水上登离被引船的设施，包括引航梯、舷梯及组合梯(引航梯和舷梯的组合)。

(10) 交通车：是指专门用于接送引航员的机动车辆。

(11) 风险：不确定性对目标的影响。(GB/T 23694—2013 第 2.1)

(12) 风险准则：评价风险重要性的依据。(GB/T 23694—2013 第 4.3.1.3)

(13) 风险识别：发现、确认和描述风险的过程。(GB/T 23694—2013 第 4.5.1)

(14) 风险分析：理解风险性质、确定风险等级的过程。(GB/T 23694—2013 第 4.6.1)

(15) 风险评价：对比风险分析结果和风险准则，以确定风险和/或其大小是否可以接受或容忍的过程。(GB/T 23694—2013 第 4.7.1)

(16) 风险评估：包括风险识别、风险分析和风险评价的全过程。(GB/T 23694—2013 第 4.4.1)

(17) 风险应对：处理风险的过程。(GB/T 23694—2013 第 4.8.1)

(18) 控制：处理风险的措施。(GB/T 23694—2013 第 4.8.1.1)

(19) 监督：持续地检查、监视、密切观察或确认风险状态，以识别与要求或期望绩效的偏离。(GB/T 23694—2013 第 4.8.2.1)

(20) 风险管理：在风险方面，指导和控制组织的协调活动。(GB/T 23694—2013 第 3.1)

(21) 风险管理框架：为设计、执行、监督、评审和持续改进整个组织的风险管理提供基础和组织安排的要素集合。(GB/T 23694—2013 第 3.1.1)

(22) 风险管理过程：将管理政策、程序和操作方法系统地应用于沟通、咨询、明确环境以及识别、分析、评价、应对、监督与评审风险的活动中。(GB/T 23694—2013 第 4.1)

(23) 风险责任人：具有管理风险的责任和权力的个人或实体。(GB/T 23694—2013 第 4.5.1.5)

1.4　总体要求

引航机构应按照《公路水路行业安全生产风险管理暂行办法》(交安监

发〔2017〕60号）及《公路水路行业安全生产风险辨识评估管控基本规范（试行）》（交办安监〔2018〕135号）的相关要求，定期开展引航员登离船作业风险辨识、评估，并不断完善和有效落实风险管控措施，落实风险管控职责及风险管控制度，提升全员特别是引航员的登离船作业风险管控能力，形成风险管控长效机制并不断持续改进，有效降低引航员登离船作业风险。

引航机构应建立能够保障风险分级管控工作全过程有效运行的管理制度，应建立完善的风险管控目标责任考核及奖惩制度，形成激励先进、惩戒落后的工作机制。

1.5 工作程序

引航员登离船作业风险辨识评估管控工作程序详见图1-1。

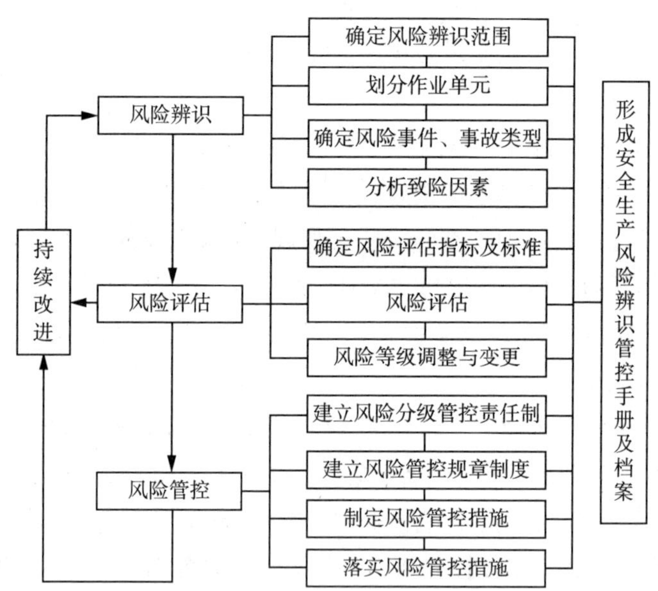

图1-1 引航员登离船作业风险辨识评估管控工作程序

1.6 风险辨识

1.6.1 引航员登离船作业方式

引航员登离船作业主要有通过引航员登离船装置转运和通过直升机转

运两种方式。

（1）引航员登离船装置转运方式：使用交通车和引航船，引航员通过攀爬引航员登离船装置登离被引船。

（2）直升机转运方式：使用直升机，引航员通过绞车吊运或直升机降落方式登离被引船。

1.6.2　风险辨识范围

本手册风险辨识范围仅为引航员登离船作业。

1.6.3　作业单元

为清晰分析引航员登离船作业风险，按照引航员登离船方式并考虑引航机构和引航员行为规范、引航员落水应急救援等因素，分成引航员乘坐交通车、引航员乘坐引航船、引航员水上登离船（含航行中登离船、锚地登离船等）、引航员码头登离船、引航员直升机登离船、非常规船舶登离船、引航机构和引航员行为、引航员落水应急救援等 8 个作业单元。

1.6.4　风险事件、事故类型

引航员登离船作业过程中发生的事故类型按照《企业职工伤亡事故分类标准》（GB 6441—1986）中规定的事故类型确定，主要包括高处坠落、物体打击、触电、其他伤害（如磕碰、跌倒、滑倒、落水等）等。另外，引航员乘坐交通车时，可能会发生道路交通事故；引航员乘坐引航船时，可能会发生引航船翻沉事故；引航员乘坐直升机时，可能会发生航空事故。

1.6.5　致险因素

针对不同作业单元，结合相应的法律、法规、规章、政府文件、标准、规范等，参照《生产过程危险和有害因素分类与代码》（GB/T 13861—2022），对辨识出的风险事件进行致险因素分析。致险因素按照人的因素、设备设施因素、环境因素及管理因素等方面进行分析。

1）人的因素

人的因素主要包括人员安全意识、安全与应急技能、安全行为或状态等。致险因素主要表现为人员违章作业、误操作等。

2）设备设施因素

设备设施因素主要包括引航员登离船装置、被引船、引航船、交通车、直升机的安全可靠性等。致险因素主要表现为设备设施故障、损坏等。

3）环境因素

环境因素主要包括作业场所、自然条件对引航员登离船作业的影响等。致险因素主要表现为恶劣天气、夜间作业照明不足等。

4）管理因素

管理因素主要包括安全教育、安全培训、安全制度等。致险因素主要表现为缺乏技能培训和安全教育、缺少相关的规章制度等。

1.7 风险评估

本手册采用《公路水路行业安全生产风险辨识评估管控基本规范（试行）》（交办安监〔2018〕135 号）文件中介绍的风险矩阵法，各引航机构也可结合风险事件特点采用其他方法进行评估。

风险矩阵法中风险等级（D）由风险事件发生的可能性（L）和后果严重程度（C）两个指标决定，即 $D=L\times C$。

1.7.1 可能性指标

可能性（L）指标统一划分为五个级别，分别是极高、高、中等、低、极低，详见表 1－1。

表 1－1 可能性（L）判断标准

序号	可能性级别	发生的可能性	取值区间
1	极高	极易	9＜取值≤10
2	高	易	6＜取值≤9
3	中等	可能	3＜取值≤6
4	低	不大可能	1＜取值≤3
5	极低	极不可能	0＜取值≤1

注：可能性指标取值为区间内的整数或最多一位小数。

根据引航机构近年来风险事件发生频次数据，并根据主要致险因素，结合行业实践经验，进行风险事件发生可能性评估，通过可能性判断标准，进行风险事件发生可能性评分。

1.7.2　后果严重程度指标

后果严重程度(C)指标统一划分为四个级别，分别是特别严重、严重、较严重、不严重，详见表 1－2。

表 1－2　后果严重程度(C)判断标准

序号	后果严重程度	严重程度判断标准	取值
1	特别严重	①人员伤亡：可能发生 10 人以上死亡(含失踪)，或者 50 人以上重伤； ②经济损失：可能发生 5 000 万元以上经济损失； ③环境污染：可能造成特别重大生态环境灾害或公共卫生事件； ④社会影响：可能对国家或区域的社会、经济、外交、军事、政治等产生特别重大影响。	10
2	严重	①人员伤亡：可能发生 3 人以上 10 人以下死亡(含失踪)，或者 10 人以上 50 人以下重伤； ②经济损失：可能发生 1 000 万元以上 5 000 万元以下直接经济损失； ③环境污染：可能造成重大生态环境灾害或公共卫生事件； ④社会影响：可能对国家或区域的社会、经济、外交、军事、政治等产生重大影响。	5
3	较严重	①人员伤亡：可能发生 1 人以上 3 人以下死亡(含失踪)，或者 1 人以上 10 人以下重伤； ②经济损失：可能发生 100 万元以上 1 000 万元以下直接经济损失； ③环境污染：可能造成较大生态环境灾害或公共卫生事件； ④社会影响：可能对国家或区域的社会、经济、外交、军事、政治等产生较大影响。	2
4	不严重	①人员伤亡：可能发生人员轻伤； ②经济损失：可能发生 100 万元以下直接经济损失； ③环境污染：可能造成一般生态环境灾害或公共卫生事件； ④社会影响：可能对国家或区域的社会、经济、外交、军事、政治等产生较小影响。	1

注：1. 表中同一等级的不同后果之间为“或”关系，即满足条件之一即可。

2. 人员伤亡和经济损失参照《水上交通事故统计办法》(交通运输部令 2021 年第 23 号)规定，“以上”包括本数，“以下”不包括本数。

针对引航员登离船作业，分析风险事件发生后可能造成的最大人员伤亡、经济损失、环境污染、社会影响等后果，同时参考历史类似事件后果损失程度，依据后果严重程度判断标准，进行后果严重程度指标评分。

1.7.3 风险等级标准

风险等级(D)等于风险事件发生的可能性(L)乘以后果严重程度(C)，即 $D=L\times C$。

安全生产风险等级(D)由高到低统一划分为四级：重大、较大、一般、较小。风险等级取值区间详见表1-3。

表1-3 风险等级(*D*)取值区间

序号	风险等级	取值区间	风险代表色
1	重大	55<取值≤100	红
2	较大	20<取值≤55	橙
3	一般	5<取值≤20	黄
4	较小	0<取值≤5	蓝

1.7.4 风险等级确定

风险事件的风险等级由风险事件发生的可能性、后果严重程度进行判定。

作业单元的风险等级取本作业单元所有风险事件的最高风险等级。

1.8 风险管控

根据作业单元风险事件的致险因素，制定相应的风险管控措施，落实风险管控责任及风险管控制度，实施全方位的风险管控。风险管控责任及管控制度执行《公路水路行业安全生产风险辨识评估管控基本规范(试行)》(交办安监〔2018〕135号)相关要求。

风险管控措施分为工程技术措施、管理措施、应急措施、个体防护措施等四类。

1.9　持续改进

采用“计划、实施、检查、改进”(PDCA)动态循环改进模式，通过风险辨识、风险评估和风险管控工作的自我检查、自我纠正和自我完善，不断完善和有效落实风险管控措施，提升引航机构和引航员的风险管控能力，形成风险管控长效机制。

附件 1　风险辨识评估管控清单

附件 1.1　引航员乘坐交通车风险管控清单

附表 1－1　引航员乘坐交通车风险辨识评估清单

风险事件	事故类型	致险因素				风险事件发生的可能性	风险事件后果严重程度	风险事件风险等级
		人的因素	设备设施因素	环境因素	管理因素			
引航员乘坐交通车时，发生道路交通事故，导致引航员伤亡	道路交通事故	①出车前，驾驶员未对车辆进行检查，导致车辆带病上路行驶。 ②驾驶员未尽到谨慎驾驶职责。	交通车本身故障。	①其他车辆违章。 ②路面湿滑。 ③港区大型机械作业造成的特殊行车环境。	交通车提供方未对驾驶员进行安全教育。	可能（5）	不严重（1）	较小（5）

附表 1－2　引航员乘坐交通车风险管控措施清单

序号	风险管控措施类型	风险管控措施内容	风险管控措施制定依据
1	管理措施	对登记后上道路行驶的交通车，应当依照法律、行政法规的规定，根据车辆用途、载客数量、使用年限等不同情况，定期进行安全技术检验。	《道路交通安全法》第十三条第一款

附表 1－2(续表)

序号	风险管控措施类型	风险管控措施内容	风险管控措施制定依据
2	管理措施	达到报废标准的交通车不得上道路行驶。	《道路交通安全法》第十四条第三款
3	管理措施	机关、部队、企业事业单位、社会团体以及其他组织，应当对本单位的人员进行道路交通安全教育。	《道路交通安全法》第六条第三款
4	管理措施	驾驶交通车，应当依法取得机动车驾驶证。	《道路交通安全法》第十九条第一款
5	管理措施	驾驶员应当按照驾驶证载明的准驾车型驾驶交通车。	《道路交通安全法》第十九条第四款
6	管理措施	交通车驾驶员应当遵守道路交通安全法律、法规的规定，按照操作规范安全驾驶、文明驾驶。	《道路交通安全法》第二十二条第一款
7	管理措施	饮酒、服用国家管制的精神药品或者麻醉药品，或者患有妨碍安全驾驶交通车的疾病，或者过度疲劳影响安全驾驶的，不得驾驶交通车。	《道路交通安全法》第二十二条第二款
8	管理措施	驾驶员驾驶交通车上道路行驶前，应当对交通车的安全技术性能进行认真检查；不得驾驶安全设施不全或者机件不符合技术标准等具有安全隐患的交通车。	《道路交通安全法》第二十一条
9	管理措施	交通车载人不得超过核定的人数，不得违反规定载货。	《道路交通安全法》第四十九条
10	管理措施	交通车上道路行驶，不得超过限速标志标明的最高时速。在没有限速标志的路段，应当保持安全车速。夜间行驶或者在容易发生危险的路段行驶，以及遇有沙尘、冰雹、雨、雪、雾、霾、结冰等气象条件时，应当降低行驶速度。	《道路交通安全法》第四十二条

附表 1－2(续表)

序号	风险管控措施类型	风险管控措施内容	风险管控措施制定依据
11	管理措施	交通车行驶时，驾驶员、引航员应当按规定使用安全带。	《道路交通安全法》第五十一条
12	管理措施	交通车在道路上发生故障，需要停车排除故障时，驾驶员应当立即开启危险报警闪光灯，将交通车移至不妨碍交通的地方停放；难以移动的，应当持续开启危险报警闪光灯，并在来车方向设置警告标志等措施扩大示警距离，必要时迅速报警。	《道路交通安全法》第五十二条
13	管理措施	交通车在道路上发生交通事故，车辆驾驶员应当立即停车，保护现场；造成人身伤亡的，车辆驾驶员应当立即抢救受伤人员，并迅速报告执勤的交通警察或者公安机关交通管理部门。因抢救受伤人员变动现场的，应当标明位置。	《道路交通安全法》第七十条

附件 1.2　引航员乘坐引航船风险管控清单

附表 1－3　引航员乘坐引航船风险辨识评估清单

风险事件	事故类型	致险因素				风险事件发生的可能性	风险事件后果严重程度	风险事件风险等级
		人的因素	设备设施因素	环境因素	管理因素			
引航船故障或引航船驾驶员操纵不当导致引航船翻沉	引航船翻沉	引航船驾驶员安全意识薄弱，违章操作，或未正规瞭望。	引航船突发故障。	①水域狭窄。 ②水域船舶交通流量大。	①对引航船驾驶员的专业培训不足。 ②对驾驶员的操纵监控不到位。	不大可能 (2)	严重 (5)	一般 (10)
引航船故障或引航船驾驶员操纵错误导致引航员受到伤害	其他伤害	引航船驾驶员操纵技能不满足要求，或违章操作，或未做好沟通。	引航船不适航。	①大风、大浪、浓雾等恶劣天气影响。 ②存在碍航物。	①对引航船团队的专业培训不足。 ②未根据气象情况安排适宜的引航船。	可能 (5)	不严重 (1)	较小 (5)

附表 1－4　引航员乘坐引航船风险管控措施清单

序号	风险管控措施类型	风险管控措施内容	风险管控措施制定依据
1	工程技术措施	引航船应符合制造规范的要求，并定期进行检验且检验合格。	
2	管理措施	引航船应确保适航。	

附表 1-4(续表)

序号	风险管控措施类型	风险管控措施内容	风险管控措施制定依据
3	管理措施	引航船不应从事引航船证书规定之外的任何活动,该证书内容应清楚地在船上公示。	
4	管理措施	引航船应合理调配水舱和油舱的使用,减小自由液面;合理压载,调节船舶稳心,避免或减小横摇。建议有条件的引航船配置减摇稳定设备。	
5	管理措施	引航船配员应符合交通运输部《船舶最低安全配员规则》的规定。	
6	管理措施	在风浪较大时,应选派操纵性较好、抗风浪能力较强的引航船接送引航员,以确保引航员登离船安全。	
7	管理措施	引航船船员应: ①接受相应的引航船作业培训和应急处置培训,如系统操作、引航员登离船作业和颠簸处置等; ②接受人员急救方面的专项培训,如接受人工复苏和冷水休克应对方面的培训等,并持证上岗; ③接受引航船安全设备储存以及日常使用所开展的安全培训,具备必要的安全技能; ④所有的演习和检查均应记载在专门的日志上。	
8	管理措施	在接送引航员前,经与相关引航员协商后,引航船驾驶员或船舶交通管理(VTS)或引航机构相关工作人员应当将以下相关要求通知被引船: ①引航员登离船装置安装的舷侧以及距离水面高度。 ②确认被引船的位置,建议航向和航速。 ③被引船为多艘时,提供船舶前后顺序。确认被引船的相对位置以及区域内所有船舶未来的运动态势。 ④当多名引航员登离同一艘船舶时,引航船(或引航员)和被引船之间应明确引航员总人数。 ⑤其他额外的要求,如撇缆绳、扶手绳等。	

附表 1－4(续表)

序号	风险管控措施类型	风险管控措施内容	风险管控措施制定依据
9	管理措施	在航时，引航船应： ①以适合当时海况、周围环境和交通流情况的安全航速航行。加强对周边环境的瞭望，严禁违章操作。 ②主甲板上所有通向下层空间的通道开口都应被封闭。 ③松散的设备或物品应妥善存放和固定。 ④引航船甲板通道应清除所有障碍物，以保证引航员和船员的顺畅行走和活动。 ⑤在能见度受限的情况下，应遵守当地港口的相关规定。能见度不良或风浪(涌浪)太大以至于不能安全出航时，应立即停止出航作业。 ⑥引航船所属管理部门应加强对引航船驾驶员操纵监控管理。	
10	管理措施	每艘引航船上均应认真地记载与保管航海日志，包括安全设备的周期性检查、安全演习以及存在缺陷的改进等记录。	
11	管理措施	当其他船舶临时作为接送引航员的引航船时，在其工作期间不仅应符合船舶规范要求，还需满足船舶转运人员的资质要求。	
12	工程技术措施	高速引航船应配备合适的座椅和配套的安全带。引航员应按规定使用安全带。	
13	管理措施	引航员应熟悉该引航船上的安全设备的位置、存放及正确使用，包括浸水服、医疗用品、人员落水施救设备等。	

附件 1.3 引航员水上登离船风险管控清单

附表 1－5 引航员水上登离船风险辨识评估清单

风险事件	事故类型	致险因素				风险事件发生的可能性	风险事件后果严重程度	风险事件风险等级
		人的因素	设备设施因素	环境因素	管理因素			
引航员从引航员登离船装置上跌落至引航船上或跌落至水中	高处坠落/落水	①引航员登离船前未对引航员登离船装置进行检查。 ②引航员登离船时未抓牢踏稳。 ③引航员登离船时机选择不当。 ④船员未尽到保护责任。 ⑤引航船和被引船配合不当。	①引航梯不符合标准要求，如踏板损坏、结冰、湿滑，引航梯未放置牢固，引航梯边索断股、磨损严重、霉变、老化等。 ②安装的舷梯不符合标准要求，如舷梯损坏，舷梯与引航梯间距不当、最大倾斜角度超过 45°等。 ③被引船未做好下风，或被引船摇荡、颠簸幅度大，或航速快。	大风浪、雨雪等恶劣天气。	①引航机构相关培训不到位。 ②被引船、引航船对引航员登离船风险管控不到位。	极易（10）	较严重（2）	一般（20）
引航员被引航船和被引船挤伤	其他伤害	①引航员站位不当。 ②引航员登离船时机选择不当。 ③船员未尽到保护责任。 ④引航船和被引船配合不当。	引航船摇荡或颠簸幅度大。	大风浪、雨雪等恶劣天气。	①引航机构相关培训不到位。 ②引航船对引航员登离船风险管控不到位。	易（8）	不严重（1）	一般（8）

附表 1-5(续表)

风险事件	事故类型	致险因素				风险事件发生的可能性	风险事件后果严重程度	风险事件风险等级
		人的因素	设备设施因素	环境因素	管理因素			
引航员在引航船或被引船上行走时跌倒	其他伤害	①引航员注意力不集中,或未引起足够重视。 ②船员未尽到保护责任。 ③引航船和被引船配合不当。	①引航员登离船通道上有雨雪、水渍、油污、障碍物等。 ②通道标识不清。 ③通道照明不足。	大风浪、雨雪等恶劣天气。	①引航机构相关培训不到位。 ②被引船对引航员登离船作业安全重视不够。	易 (8)	不严重 (1)	一般 (8)

附表 1-6　引航员水上登离船风险管控措施清单

序号	风险管控措施类型	风险管控措施内容	风险管控措施制定依据
1	管理措施	引航船应认真落实防冻、防滑、防风、防台等相关措施,以确保引航船安全和引航员的人身安全。甲板通道应防滑并且无障碍,甲板有积水、积雪或上浪结冰时应及时铲除干净,铺设草垫、防滑网并对主要通道安装扶手栏杆;通道上方有障碍物时应进行警示,随行船员应及时提醒和保护。引航员行走通道应进行明显标识。	
2	管理措施	向在航的被引船靠拢时,引航船应: ①要求被引船保持合适的下风和航速,以保证引航船安全及引航员登离船安全。 ②确保在被引船边稳定并靠,以便能够安全地完成引航员登离船作业。	

附表 1-6(续表)

序号	风险管控措施类型	风险管控措施内容	风险管控措施制定依据
2	管理措施	③建议从被引船的正横以后方向靠近，避免穿越其船首。引航船从引航员登离船装置同侧的正横以前方向接近被引船时，应在其所兴波浪基本消失以后才能靠近被引船，以确保引航船所兴的波浪不影响引航员的登离船。引航船从安装引航员登离船装置相反舷侧接近被引船时，建议绕过船尾接近引航员登离船装置，以减少引航船所兴波浪对引航员登离船造成的不利影响。 ④接送引航员作业遇大风浪，引航船难以贴靠时，应要求被引船调整航向、航速，做好下风，直到海浪较小时贴靠。如风浪过大，威胁到引航员人身和引航船安全，禁止贴靠。 ⑤在靠近被引船的过程中，引航员和船员均应留在引航船的舱室中，直到引航船到达被引船的引航员登离船装置处。 ⑥船员应注意查看舷梯、引航梯的高度是否适当，避免刮挂或磕碰舷梯或引航梯。引航船靠在被引船边，引航梯与引航船应留有充足的空间，避免引航船摇荡和颠簸时触碰到引航员登离船装置。 ⑦引航船夜间靠近被引船时，应打开引航船的探照灯，探查水上情况、保障引航员登离船装置处和引航船甲板走道有充足的照明。 ⑧引航员通过引航员登离船装置离船前，引航船船员应提前到达，查看引航员登离船装置是否符合要求。	
3	管理措施	当引航船作为母船用施放快艇的方式接送引航员时，应待引航船相对平稳之时施放引航船下风侧的快艇。快艇驶离后，引航船尽可能驶至被引船下风侧，等待快艇返航后将其吊回引航船。	
4	管理措施	引航船船员应护送引航员，保护引航员登离船及行走的安全。当遇到大风浪、雨雪等恶劣天气时应适当增加护送引航员的船员。	
5	管理措施	引航船船员护送引航员进出舱室，应综合考虑甲板的宽度、安全扶手的位置和可用性、引航船的纵横摇、准备登船的位置、引航船驾驶员观察登离船作业的视角等，选择最安全的路线从引航船舱室至引航员登离船装置处。	

附表 1－6(续表)

序号	风险管控措施类型	风险管控措施内容	风险管控措施制定依据
6	管理措施	引航船船员护送引航员登离船时,应: ①船员应确保救生设备随时可用。 ②船员应确保引航梯高度适宜、引航梯不被挤压和刮挂、引航员登离船处周边无杂物。 ③护送引航员登离船时,船员要面向引航梯,尽量使引航梯贴紧被引船。 ④在引航员下引航梯过程中,应告知引航员到达引航船甲板剩余踏板数量和提醒所存在的危险;在引航员从引航梯跨到引航船的过程中,船员应给予引航员身体保护。 ⑤引航员可能不是在最后一块踏板离开引航梯,船员应提醒、配合和保护引航员。	
7	管理措施	是否需要将引航梯最下端几块踏板放至引航船甲板上以避免引航船挤压和刮挂到引航梯,造成引航梯被拉扯受损的情况,应进行风险评估,从而采取相应控制措施以应对该风险。 如果需要调整引航梯的高度,引航船驾驶员应通知被引船。 调整引航梯时,引航员和引航船船员应停留在舱室内,直至收到引航梯高度调整到位的信息后,才能开始登船。	
8	管理措施	引航员登上引航梯后,引航船是否离开被引船,应按照当地引航机构管理规定执行。 ①若引航船离开被引船一定距离,引航船船员应加强瞭望直到引航员踏上被引船甲板;若引航船不离开被引船,引航船船员应注意引航船不得挤压和刮挂引航梯。 ②风浪较大时,所有人员安全进入舱室之前,引航船不得驶离被引船。 ③若引航船难以离开被引船船边,引航船驾驶员可将情况告知被引船船长,并要求船长调整航向、航速等予以协助。	
9	管理措施	被引船应当配备符合规定的引航员登离船装置,并保障引航员在登离船期间的安全。	《海上交通安全法》第三十一条第二款

附表 1-6(续表)

序号	风险管控措施类型	风险管控措施内容	风险管控措施制定依据
10	管理措施	因恶劣的天气或者海况等情形,引航员不能离开被引船或者不能在规定的登离水域登离船时,被引船船长应当制定相应的保障措施,并征得海事管理机构的同意后,将船舶驶抵能使引航员安全登离船的地点,并负责支付因此造成的相关费用。	《船舶引航管理规定》第三十五条
11	工程技术措施	被引船应设有能使引航员从任一船舷安全登离船的装置。 在所有船舶上,当从海平面至登离船处的距离超过 9 m,并欲将舷梯或其他同样安全方便的装置与引航梯一起供引航员登离船使用时,则应在每船舷均装有这种设备,除非该设备能够转移以供任一船舷使用。	SOLAS 公约 2010 第Ⅴ章第 23 条 3.1 第Ⅴ章第 23 条 3.2
12	管理措施	供引航员登离船使用的所有装置均应有效地达到使引航员安全登离船的目的。装置应保持干净,适当维护保养和存放并应定期检查,以确保其安全使用。这些装置应专门用于人员的登离船。 引航员登离船装置的安装和引航员的登离船,应由一名责任驾驶员进行监督,该驾驶员应有与驾驶室进行联系的通信设备,还应安排护送引航员经由安全通道前往和离开驾驶室;应对安装和操作任何机械设备的人员就所采用的安全程序进行指导,且设备在使用前应进行测试。	SOLAS 公约 2010 第Ⅴ章第 23 条 2
13	工程技术措施	被引船应在引航员登离船装置处配备下列相关设备,以备在引航员登离船时即可使用: ①两根扶手绳,直径不小于 28 mm,牢固地系在船上(如引航员有要求); ②带有自亮灯浮的救生圈; ③撇缆绳。	SOLAS 公约 2010 第Ⅴ章第 23 条 7.1
14	工程技术措施	被引船应配备足够的照明,以照亮舷外的引航员登离船装置、甲板上人员登离船位置。	SOLAS 公约 2010 第Ⅴ章第 23 条 8

附表 1-6(续表)

序号	风险管控措施类型	风险管控措施内容	风险管控措施制定依据
15	工程技术措施	引航梯的踏板、止扭踏板、更换的踏板和更换的止扭踏板应采用无结疤的整块硬木(水曲柳、橡木、山毛榉或柚木)制造,或者用密度、强度、耐久性和浮力与之相似的其他材料制造。	CB/T 3142—2013 4.1.1
16	工程技术措施	引航梯每一边索应由整根没有接头的直径为 20 mm 的三股或四股优质白棕绳或麻绳组成,每一边索的破断强度应不小于 24 kN。 所有边索端部用涂过蜡的帆用细绳缠绕加固 25 mm,以防松动。	CB/T 3142—2013 4.1.3 4.1.6
17	工程技术措施	引航梯外观: ①引航梯的每一个部件不应有裂纹、毛刺、锐边、尖角、凸块或其他会伤害使用人的缺陷; ②踏板间距应等距、水平,不应有歪斜; ③引航梯的下端每一边端部均应捆扎以防破损; ④引航梯踏板与边索连接应靠紧,不应有松动。 用目视及手摸的方法检查引航梯的外观质量,结果应符合上述规定要求。	CB/T 3142—2013 4.3 5.3
18	管理措施	引航梯在使用中踏板有损坏时,允许采用新踏板更换,但一副引航梯不应超过两块。	CB/T 3142—2013 4.7
19	管理措施	引航梯应在止扭踏板或其上第一、二块踏板的下面打上永久标志,标志内容如下: ①制造厂名称与标记; ②产品名称; ③产品规格; ④生产日期; ⑤产品质量合格印记。	CB/T 3142—2013 7.1.1

附表 1-6(续表)

序号	风险管控措施类型	风险管控措施内容	风险管控措施制定依据
20	管理措施	当所需爬高不小于 1.5 m、离水面高度不超过 9 m 时，引航梯位置和系固应做到： ①避开任何可能的船舶排水孔。 ②在平行船体长度范围内，并尽可能在船中或平行船体长度一半范围内。 ③每块踏板稳固地紧靠在船舷；如结构特性，例如护舷材妨碍本规定的实施，应作出使主管机关满意的特别布置，以确保引航员能安全登离船。 ④引航梯的单一长度能从登离船处抵达水面，并充分考虑所有装载工况和船舶纵倾及 15°的不利横倾；安全加固点、卸扣和系索的强度应至少与扶手绳相同。	SOLAS 公约 2010 第Ⅴ章第 23 条 3.3.1
21	管理措施	①为了安全固定引航梯，在每个绳索套环上用直径为 28～32 mm 适当长度的辅助索，把引航梯牢固地绑在靠近舷侧甲板的专用带环板上，详见附图 A.1、附图 A.2，不能绑在其他地方。 ②当引航梯长度不能全部使用时，要用 2 根直径为 28 mm 适当长度的辅助索或卸扣连接在甲板的专用带环板上，详见附图 A.3、附图 A.4。	CB/T 3142—2013 A.2
22	管理措施	为确保安全设置引航梯而需要使用回收索时，应将其固定在最下面一块止扭踏板或其上，且朝船首方向。回收索不应妨碍引航员登离船，也不应妨碍引航船的安全驶近和离开。	
23	工程技术措施	舷梯装置不应有歪斜、扭曲和变形等缺陷。 通过目视及手摸方法检查舷梯装置的外观，结果应符合上述规定要求。	CB/T 3561—2013 4.3 5.3
24	工程技术措施	舷梯装置的焊缝应无裂纹、夹渣、气孔、烧穿、未熔焊等缺陷。 通过目视检查舷梯装置的焊缝，结果应符合上述规定要求。	CB/T 3561—2013 4.4 5.4

附表 1－6(续表)

序号	风险管控措施类型	风险管控措施内容	风险管控措施制定依据
25	工程技术措施	舷梯装置的钢质零件与铝质零件接触面应垫多硫橡胶垫等防腐垫。舷梯装置的活动部位应涂中性润滑脂。 通过目视检查舷梯装置的防腐,结果应符合上述规定要求。	CB/T 3561—2013 4.6 5.6
26	管理措施	舷梯装置应在梯架两端显著位置标志下列内容: ①制造厂名称与标志; ②产品名称; ③产品规格; ④生产日期; ⑤质量合格印记; ⑥铭牌包括安全操作规则和负荷限制,包括最大和最小允许设计倾斜角、设计负荷、舷梯下平台的负荷、只限 2 人等。	CB/T 3561—2013 7.1
27	管理措施	使用舷梯时,应放好栏杆,并穿好扶绳。	
28	管理措施	舷梯应导向船尾设置。在使用时,应设有装置系固舷梯下平台至船舷,以确保舷梯的下端和下平台稳固地紧靠在平行船体长度范围内的船舷,并应尽可能在船中一半船长范围内,且避开所有的排水孔。	SOLAS 公约 2010 第Ⅴ章第 23 条 3.3.2
29	管理措施	当使用组合梯装置时,舷梯应牢固地固定在船上,舷梯下平台应当至少高于水面 5 m,倾斜角度最大不超过 45°。引航梯应使用系留座、磁铁吸盘等装置,在舷梯下平台 1.5 m 以上处系固在船舷上。	

附表 1-6(续表)

序号	风险管控措施类型	风险管控措施内容	风险管控措施制定依据
30	工程技术措施	供引航员登离船到甲板的通道应是安全、方便和无障碍的。如果这种通道是:①在栏杆或舷墙中开门,则应设有适当的扶手立柱。②舷墙梯,则应设有两根扶手立柱,其根部或接近根部处以及较高的几处应以刚性方式系固在船舶结构上。舷墙梯应牢固地固定在船舶上,以防翻转。 甲板上设备:①在无舷墙门和栏杆处供引航员从引航梯的顶端登上船舶甲板的地方,为便于引航员安全地登上船舶,应设置适当的设备。②在舷墙处应设置两根穿过舷墙顶部,并牢固地固定在甲板上的扶手立柱。扶手立柱直径为 40 mm,高出舷墙顶部的高度不小于 1 200 mm,两根扶手立柱的间距 700～800 mm,并在舷墙内装一舷墙梯(详见附图 A. 1、附图 A. 3)。③在栏杆处应设置一个平台,并装有 2 根扶手立柱,高度距平台不小于 1 200 mm,扶手立柱的直径为 40 mm,牢固地焊在平台和甲板栏杆上(详见附图 A. 2、附图 A. 4)。	SOLAS 公约 2010 第Ⅴ章第 23 条 4 CB/T 3142—2013 A. 3
31	工程技术措施	引航梯卷车及减速箱零件不允许有凹坑、毛刺、锐边和裂纹等缺陷。 通过目视及触摸方法检查引航梯卷车的外观,结果应符合上述规定要求。	CB/T 3727—2013 4. 3 5. 3
32	工程技术措施	引航梯卷车应达到如下性能要求: ①操纵装置灵活可靠; ②不应有不正常的噪声和振动; ③齿轮箱油温和轴承温度均不得超过 65 ℃; ④不应有漏油、漏气现象; ⑤零件不允许有严重磨损及永久变形; ⑥收放引航梯应顺畅,储存方便牢固,刹车安全可靠; ⑦1. 5 倍工作负荷下应正常上升、下降和停止; ⑧平移过程应顺畅。	CB/T 3727—2013 5. 5

附表 1－6(续表)

序号	风险管控措施类型	风险管控措施内容	风险管控措施制定依据
33	管理措施	经检验合格的引航梯卷车均应在明显处有如下标志： ①产品名称； ②制造厂名称与标志； ③型号及标准号； ④卷筒负载与支持负载； ⑤气动或电动马达功率； ⑥出厂日期； ⑦合格印记。	CB/T 3727—2013 7.1
34	工程技术措施	供引航员登离船用的舷门不应向外开启。	SOLAS 公约 2010 第Ⅴ章第 23 条 5
35	工程技术措施	被引船应使用甚高频无线电话的专用频道与引航机构和引航员联系，确认登船时间、登船水域等事项，并保持值守。 引航机构、被引船、引航船，均应当配备必要的通信设备或者器材，以便及时与引航员保持联系。	《船舶引航管理规定》第二十五条 第三十六条
36	管理措施	被引船应认真落实防冻、防滑、防风、防台等相关措施，以确保引航员的人身安全。甲板通道应防滑并且无障碍、有足够的照明，通道上方有障碍物时应进行警示，随行驾驶员要及时提醒。	
37	管理措施	引航员登离船时，被引船应尽可能按照引航船驾驶员的建议保持适当的航速、航向，使安装的引航员登离船装置位于下风处，并保持足够的舵效。遇到引航员坠落时，应立即停车，避免旋转的螺旋桨威胁到引航员生命安全。	

附表 1-6(续表)

序号	风险管控措施类型	风险管控措施内容	风险管控措施制定依据
38	管理措施	引航员登离船时,被引船应安排足够船员护送引航员并备妥相关救生设备。当遇到大风浪、雨雪等恶劣天气时,应适当增加护送引航员的船员。应先护送引航员后接送引航设备,接送引航设备时应拴牢避免磕碰和坠落。	
39	管理措施	登离船时,引航员应: ①登离船前,按 SOLAS 公约及国家标准规范中有关引航梯规定的相关要求(详见附图 A.5 引航员登离船装置要求),检查边索、踏板及间距、止扭踏板、扶手绳、回收索、扶手立柱、舷墙梯、救生设备、照明、护送人员等项目,相关设施应符合规定要求。出现引航梯未固定牢固,踏板断裂、歪斜、湿滑、有油污,边索断股、磨损严重、霉变、老化等,引航梯最下端存在羁绊人和缠住引航船风险的各种绳环,回收索不在合理的位置,照明不足,扶手立柱和舷墙梯未固定,登离船时引航梯顶部无人值守等情况,有权拒绝登离船。 ②使用组合梯登离船时,应确认舷梯牢固系固在船舷上,已放好扶手栏杆,舷梯下平台踏板销已固定。 ③如对引航员登离船装置的安全状况有怀疑,应要求被引船派人试踏,必要时要求被引船更换或重新安装,确认符合标准要求后方可登离船。引航员登离船装置不符合要求时,及时向引航机构、海事管理机构报告,确认符合标准要求后方可登离船。 ④应充分考虑当时环境条件和身体状况,选择合适的时机登离船,如果引航员认为不可能安全登离船,则应放弃,并及时向引航机构报告。	
40	管理措施	攀爬引航梯时,引航员应: ①确认引航船已靠好被引船,且未与引航梯发生绞缠、挤压和刮挂。 ②应谨慎小心,做到手抓牢、脚踏实,注意落脚点,防止滑脱、跌落,同时注意头部防碰。 ③登船时,注意先试踏引航梯,以检查引航梯是否牢固;试踏舷梯下平台,以检查踏板销是否插牢,落实后方可登船。	

附表 1－6(续表)

序号	风险管控措施类型	风险管控措施内容	风险管控措施制定依据
40	管理措施	④登离船时,是否使用扶手绳由引航员选择。如果引航员需要,应提前通知被引船,被引船应根据引航员的要求提供或移除扶手绳。 ⑤建议 1 人登临在引航梯上。	
41	管理措施	因被引船干舷较低,不需安装引航梯时: ①被引船应在舷侧或船尾布置好相应的其他引航员登离船装置且应保障装置完好; ②引航员登离船时,被引船及引航船的护送人员要及时保护。	
42	管理措施	引航员如需在锚地登船,引航员应: ①使用甚高频无线电话与被引船保持联系,了解被引船船位,通报引航员登船时间; ②了解锚地风浪情况和引航员登离船装置的位置; ③如因风浪原因不能安全登船时,建议被引船做下风或起锚做下风; ④其他安全要求同上。	
43	管理措施	引航员如需在锚地登船,被引船应: ①使用甚高频无线电话与引航机构或引航船保持联系,了解引航船的要求; ②通报锚地风浪情况和引航员登离船装置的位置; ③随时准备为引航船做下风或起锚做下风; ④其他安全要求同上。	
44	管理措施	引航员如需在锚地登船,引航船应: ①观测、确认引航员登离船是否安全; ②并靠时,充分考虑风浪流影响,选择波浪相对较小的舷侧进行并靠,控制航速,避免磕碰引航员登离船装置、挤压和刮挂引航梯; ③如果可行,建议选择船首顶靠的方式。	

附件 1.4　引航员码头登离船风险管控清单

附表 1-7　引航员码头登离船风险辨识评估清单

风险事件	事故类型	致险因素				风险事件发生的可能性	风险事件后果严重程度	风险事件风险等级
		人的因素	设备设施因素	环境因素	管理因素			
引航员在码头上登离船时，登船梯或舷梯损坏，或引航员不慎，可能导致引航员跌倒受伤或落水	落水，跌倒	①引航员未采用规范通道登离船。 ②引航员登离船时未踏实抓牢。	①直立式码头登船梯故障，或舷梯、护栏、安全网损坏，或舷梯湿滑。 ②浮码头船岸连接设施（引桥、渡板、护栏等）损坏，连接不牢，引桥、渡板、阶梯湿滑等。	突发大风、雨雪、冰冻等恶劣天气。	码头方未加强对引航员登离船过程的风险管控。	可能 （4）	较严重 （2）	一般 （8）

附表 1-8　引航员码头登离船风险管控措施清单

序号	风险管控措施类型	风险管控措施内容	风险管控措施制定依据
1	工程技术措施	直立式码头应设置登离船设施，且应保障完好有效。	
2	工程技术措施	浮码头的引桥、渡板或阶梯等船岸间连接设施应完好有效。船岸间连接设施应有防滑措施。活动渡板应一端固定，另一端与船或岸应有安全的搭接长度，并在渡板端部两侧采用缆绳、铁链与船或岸上固定物系固。 引桥和渡板两侧应设置固定式或活动式护栏，护栏外侧应设置安全网。	

附表 1－8(续表)

序号	风险管控措施类型	风险管控措施内容	风险管控措施制定依据
3	管理措施	码头方应保障登离船设施的完好有效，特别是在大风、雨雪、冰冻等恶劣天气，应加强登离船设施的安全检查，加强对引航员登离船过程的风险管控。	
4	管理措施	引航员可采用码头上设置的登船梯登离船，登离船时应踏实抓牢。	
5	管理措施	在码头无登船梯而采用船舶舷梯登离船时，引航员应检查舷梯、护栏、安全网、通道等，发现事故隐患及时通知被引船相关人员。使用舷梯时脚要踏实、手要抓牢。	
6	管理措施	浮码头登离船时，应检查船岸连接设施(引桥、渡板、护栏等)是否完好有效，连接是否牢固，发现事故隐患及时通知码头相关人员。登离船时要踏实抓牢，每次只限 1 人上下。	
7	管理措施	在被引船未系牢缆绳、码头未设置好规范通道时，禁止引航员以非正规的方式登离船。	

附件 1.5　引航员直升机登离船风险管控清单

附表 1－9　引航员直升机登离船风险辨识评估清单

风险事件	事故类型	致险因素				风险事件发生的可能性	风险事件后果严重程度	风险事件风险等级
		人的因素	设备设施因素	环境因素	管理因素			
直升机坠落，引航员伤亡	高处坠落	①直升机飞行员违章作业，或冒险作业，或产生空间定向错觉。 ②飞行前，直升机工况检查不细致，有漏点和盲点，或有保留故障，导致直升机带病飞行。 ③机组人员能力无法满足岗位要求。 ④机组人员对天气变化趋势的把握，对航路上的飞行器、高压电缆、灯塔、吊车等障碍物的判断不准。 ⑤机组人员对降落地点安全状况的分析判断错误，或与被引船航向、航速的沟通协调不足。 ⑥直升机发生故障情况下，机组人员应急处置能力不足、机组人员之间配合不当。 ⑦引航员直升机逃生培训及应急演练不到位，应急处置能力不够。直升机坠海后，不会逃生或逃生能力不强。	①直升机本身存在故障，不适航。 ②直升机作业中突发发动机、操作系统、传动系统故障。 ③被引船航速、航向、纵横摇及颠簸不满足直升机安全接送引航员要求。 ④直升机降落点或悬停点标识不清。 ⑤被引船灯光暗，飞行员看不清降落点或悬停点；或灯光直射向直升机，影响飞行员视线。	①风速较大。 ②能见度低。 ③局部天气突变。	直升机公司规章制度不健全，管理不到位。	易 (8)	较严重 (2)	一般 (16)

附表 1－9(续表)

风险事件	事故类型	致险因素				风险事件发生的可能性	风险事件后果严重程度	风险事件风险等级
		人的因素	设备设施因素	环境因素	管理因素			
直升机坠落，引航员伤亡	直升机在船甲板翻扣或从甲板跌落至水中	①机组人员不具备绞车吊运引航员或降落方式登离被引船的能力，驾驶舱资源管理不到位，对被引船净空环境侦查不到位。 ②降落过程中未使用直升机机轮刹车。 ③直升机飞行员与被引船未做好沟通。 ④被引船甲板人员未做好消防、急救等应急准备。 ⑤被引船驾驶员未能按照沟通要求，控制好被引船航行状态。	①降落甲板湿滑且未铺装防滑网。 ②直升机突发故障。 ③被引船因故障突然转向或变速，或风速较大导致被引船纵横摇、颠簸严重。 ④被引船上设施(如吊臂等)突然移动，碰撞直升机。 ⑤被引船灯光过强，影响飞行员视线。	①风速较大。 ②阵风、雷电等强对流天气。 ③能见度低。 ④旋翼下洗气流及海风吹过船舶上层设备设施引起机械乱流。	①直升机公司规章制度不健全，日常训练不到位。 ②直升机公司给机组人员施加压力，导致机组人员违规操作。	易(8)	较严重(2)	一般(16)
引航员绞车吊运时跌倒，或撞击甲板，或被电击	触电、其他伤害	①绞车作业时丢失目视参照，或绞车手操控失误。 ②引航员、飞行员、绞车手配合不当。 ③引航员应急处置能力不足。 ④引航员绞车吊运速度过快。 ⑤直升机与船舶存在电势差，绞车吊运过程中未使用静电释放绳，可能导致引航员接触甲板瞬间被电击。静电引起的火花遇泄漏的易燃易爆物品，还可能引起火灾爆炸风险。	①被引船航速、航向、纵横摇及颠簸不符合引航员绞车吊运安全要求。 ②直升机悬停点标识不清。	①风速较大。 ②能见度低。 ③局部天气突变。 ④甲板湿滑。	①引航员对直升机安全培训重要性认识不足。 ②直升机安全培训不规范。	可能(6)	较严重(2)	一般(12)

附表 1-9(续表)

风险事件	事故类型	致险因素				风险事件发生的可能性	风险事件后果严重程度	风险事件风险等级
		人的因素	设备设施因素	环境因素	管理因素			
被引船上未被固定的物品被旋翼下洗气流搅起，击打直升机或引航员	物体打击	①被引船与直升机飞行员未做好沟通。 ②被引船未做好直升机作业前的准备工作。 ③机组人员高空侦察和低空侦察不到位,未能发现松散未固定物品。	被引船停机位甲板上或周边有未固定的物品。			可能（6）	不严重（1）	一般（6）

附表 1-10　引航员直升机登离船风险管控措施清单

序号	风险管控措施类型	风险管控措施内容	风险管控措施制定依据
1	工程技术措施	直升机应适合引航作业。直升机具有现行有效的适航性,并为水上构型,处于适航可用状态。	
2	管理措施	直升机公司应制定常规作业程序和应急响应程序,并严格督促其执行。	
3	管理措施	直升机飞行员、绞车手应: ①接受飞行员、绞车手应对复杂天气以及各类突发事件的操作方法培训和应急处置能力培训,符合岗位要求; ②接受人员急救方面的专项培训,如接受人工复苏和冷水休克应对方面的培训等,并持证上岗。	

附表 1－10(续表)

序号	风险管控措施类型	风险管控措施内容	风险管控措施制定依据
4	管理措施	飞行前，直升机飞行员应严格按照直升机相关要求认真检查各相关设备仪表，保障飞行安全。	
5	管理措施	飞行前，直升机运营人员应对引航员进行安全培训。	
6	管理措施	直升机机组人员应： ①按照直升机飞行手册的规定谨慎起飞、飞行和降落，对飞行航线上的碍航物及局部天气突变的影响应进行充分的风险评估。 ②严格执行直升机接送引航员对天气环境的要求，恶劣天气不能保障飞行、绞车吊运、降落安全时，应禁止飞行。 ③落前，机组人员需进行高空侦察和低空侦察，发现松散未固定物品及时通知被引船进行固定。飞行员与被引船做好充分沟通后飞机才能降落或悬停。 ④引航员绞车吊运时，飞机悬停高度符合安全要求，飞行员、绞车手应协调配合，保障引航员安全。 ⑤引航员进出机舱时，绞车手应给予引导和帮助。 ⑥直升机一旦发生迫降或坠海等事故时，机组人员应为引航员脱离直升机给予帮助，并应保证引航员优先撤离。	
7	管理措施	直升机应使用专用的甚高频无线电话频道与被引船或引航员联系，确认登离船时间、登离船水域等事项，并保持值守。	
8	管理措施	被引船须保证直升机降落点或悬停点标识清晰，周边无障碍物，操作区域内的任何松散未固定物品均已被固定。消防设备已准备完毕。灯光符合直升机安全起降及引航员绞车吊运安全要求。已做好甲板防滑工作。甲板人员已做好准备，无关人员已离开操作区域。	

附表 1－10(续表)

序号	风险管控措施类型	风险管控措施内容	风险管控措施制定依据
9	管理措施	直升机降落或引航员绞车吊运时，被引船航速、航向、纵横摇及颠簸应满足直升机安全降落及引航员绞车吊运安全要求。	
10	管理措施	引航员乘坐直升机时，应： ①接受直升机乘坐安全培训及应急技能和逃生培训； ②接受人工复苏和冷水休克应对方面的培训； ③遵守乘坐规定，不妨碍飞行员和绞车手的工作，如需要，应给予飞行员和绞车手必要的建议和协助； ④引航员应穿戴必要的防护装备，如直升机专用救生衣等。	
11	管理措施	引航员和直升机飞行员、绞车手协调配合。在绞车手的协助下绞车吊运或在绞车手的指导下进出直升机。绞车吊运时应使用静电释放绳。绞车吊运速度不可过快。	

附件 1.6 非常规船舶登离船风险管控清单

附表 1－11 非常规船舶登离船风险辨识评估清单

风险事件	事故类型	致险因素				风险事件发生的可能性	风险事件后果严重程度	风险事件风险等级
		人的因素	设备设施因素	环境因素	管理因素			
引航员伤亡	落水，其他伤害等	引航员对安全风险认识不足，可能导致登离船过程中落水，或被船舶挤压受伤。	引航员登离船装置不能满足引航员安全登离船需要。			可能（4）	较严重（2）	一般（8）

附表 1－12 非常规船舶登离船风险管控措施清单

序号	风险管控措施类型	风险管控措施内容	风险管控措施制定依据
1	管理措施	港口主管部门应与引航机构协商确定非常规的和不常见的船舶，并提前对非常规的和不常见船舶的引航员登离船作业进行风险评估。	
2	管理措施	当登离无人驳船时，引航员使用引航员登离船装置前应认真检查，确认其完好状态。	
3	管理措施	登离无人被拖物前，应进行风险评估并制定特殊作业程序，并严格执行。	
4	管理措施	高速艇和某些船舶没有平行的舷侧可供设置引航梯，引航员可到出发港口上船。	
5	管理措施	海上浮式平台等非常规船舶引航作业时，申请方应配置符合相关规范要求的登离船装置或设施。	

附件 1.7　引航机构和引航员行为风险管控清单

附表 1－13　引航机构和引航员行为风险辨识评估清单

风险事件	事故类型	致险因素				风险事件发生的可能性	风险事件后果严重程度	风险事件风险等级
		人的因素	设备设施因素	环境因素	管理因素			
引航员伤亡，财产损失	其他伤害	①引航员在执行引航任务前和在引航过程中饮酒等不安全行为，可能导致人身伤害、误操作，引发事故。 ②引航员疲劳或自身疏忽，可能会跌倒等。	引航员穿着的鞋或佩戴的手套不符合防滑的要求，可能导致引航员伤亡。	突发大风、雨雪、冰冻等恶劣天气。	①引航机构安全管理不到位，引航员安全意识不强。 ②对引航员培训不到位，导致引航员应急处置能力不足。	可能（4）	较严重（2）	一般（8）

附表 1－14　引航机构和引航员行为风险管控措施清单

序号	风险管控措施类型	风险管控措施内容	风险管控措施制定依据
1	管理措施	引航机构应当落实引航安全主体责任，配备必要的设施、装备和人员，建立并实施引航安全管理体系。	《船舶引航管理规定》第十六条
2	管理措施	引航机构应当对引航员进行培训，并保障引航员的休息时间、职业健康、工资报酬、社会保险等符合国家有关规定。	《船舶引航管理规定》第十八条
3	管理措施	引航机构应督促引航员按照引航操作规程引领船舶，保证引航员人身安全、引航安全和服务。	
4	管理措施	制定特殊情况下的引航应急预案，提高引航综合应急反应能力。	《关于加强引航管理的通知》

附表 1－14(续表)

序号	风险管控措施类型	风险管控措施内容	风险管控措施制定依据
5	管理措施	引航机构应当满足船舶提出的正当引航要求，及时为船舶提供引航服务，不得无故拒绝或者拖延。 引航长、宽以及吃水或者水面以上高度接近相应航道通航条件限值的船舶，引航机构应当制定引航方案，报市级地方人民政府港口主管部门和海事管理机构备案。 引航方案应当由一级引航员主持或者参与制定。引航方案应当包括船舶基本情况、注意事项、风险评估、安全保障和应急处置措施。	《船舶引航管理规定》第二十三条
6	管理措施	引航计划应当以船舶计划和港口生产计划为基础，对未来 12～48 h 内申请引航作业的船舶进行预安排。引航计划应当包括船名、引航员、引航起始时间和地点、引航结束时间和地点、助泊拖船安排、交通工具等信息。	JT/T 948—2014 3.3.1
7	管理措施	引航计划制订完毕后，应于当日公布，并通知申请人。遇恶劣天气等情况不能正常引航时，引航计划可相应推迟公布并通知申请人。	JT/T 948—2014 3.3.2
8	管理措施	因港口作业、船舶手续、恶劣天气、船方原因等导致引航计划变更时，引航机构应根据服务对象的要求和现场情况合理调整引航计划。引航机构应将变更后的引航计划通知申请人。	JT/T 948—2014 3.3.3
9	管理措施	引航机构在接到船舶引航申请后，应当及时安排持有有效证书的引航员，并通知申请人。	《船舶引航管理规定》第二十二条
10	管理措施	因引航员身体不适时，引航机构接到报告后，应当及时安排其他引航员按引航计划实施后续引航。	JT/T 948—2014 3.5.13.c)
11	管理措施	影响船舶引航的气象条件主要为风力和能见度，引航作业气象条件按照当地海事管理机构的相关要求执行。	

附表 1－14(续表)

序号	风险管控措施类型	风险管控措施内容	风险管控措施制定依据
12	管理措施	引航员应当持有有效的船员适任证书，服从引航机构的安排和管理，并按照有关规定开展引航活动。	《船舶引航管理规定》第十九条
13	管理措施	引航员应当严格执行有关引航法律、法规和规章。	JT/T 948—2014 4.1
14	管理措施	引航员在执行引航任务前和在引航过程中禁止饮酒。	JT/T 948—2014 4.4
15	管理措施	引航员应当根据引航机构的指派，在规定的水域登离被引领船舶，安全谨慎地执行船舶引航任务。	《海上交通安全法》第三十一条第三款
16	管理措施	引航员应准时登上被引船。因恶劣天气等情况，引航员不能按时登船，引航员应告知被引船船长，请船长做出合理的等待与配合，并及时报告引航机构和海事管理机构。	JT/T 948—2014 3.5.4 3.5.7
17	管理措施	离船时，引航员应： ①将被引船引抵引航目的地，或被其他引航员或船长明确接替时方可终止引航任务，离开被引船； ②确认被引船处于安全水域，当时天气条件、被引船和引航船的行动满足引航员安全离船的要求时方可离船； ③向被引船船长说明当时的航速、航向、通航环境及其他需要注意的事项。	JT/T 948—2014 3.5.11
18	管理措施	引航员离船时，如当时天气条件无法保证在预定地点安全离船，经与被引船船长协商，经VTS同意，引航员可提前在安全地点离船，并由引航员在引航船上对被引船抵达至预定水域之间的航行进行引导和建议。	

附表 1 - 14(续表)

序号	风险管控措施类型	风险管控措施内容	风险管控措施制定依据
19	管理措施	登离船前,引航员应与被引船和引航船保持甚高频无线电话联系,以便及时协调现场出现的问题。	
20	管理措施	引航员在引航船、被引船上行走时,应使用安全通道,以防止跌倒、磕碰;夜间行走时,应要求护送人员提供必要的照明。	
21	管理措施	引航员在遇到下列情况之一时,有权拒绝、暂停或者终止引航,并及时向引航机构、海事管理机构报告: ①恶劣的气象、海况; ②被引船不适航; ③航道或者码头条件不满足被引船的航行、停泊、作业的安全要求; ④被引船的引航员登离船装置不符合安全规定; ⑤引航员身体不适,不能继续引领船舶; ⑥其他不适于引航的原因。 引航员在作出上述决定之前,应当明确地告知被引船的船长,并对被引船当时的安全作出妥善安排,包括将船舶引领至安全和不妨碍其他船舶正常航行、停泊或者作业的地点。	《船舶引航管理规定》第三十条
22	管理措施	引航员乘坐引航船、直升机、交通车等引航交通工具时,应: ①接受乘坐引航船、直升机、交通车安全培训及应急技能和逃生培训; ②接受人工复苏和冷水休克应对方面的培训; ③针对不同类型的引航船,引航员应熟悉该引航船上的安全设备的位置、存放及正确使用,包括浸水服、医疗用品、人员落水施救设备等; ④遵守乘坐规定,不妨碍船舶驾驶员、直升机机组人员、交通车驾驶员的工作,如需要,应给予驾驶员/飞行员/绞车手必要的建议和协助; ⑤引航员应穿戴和使用必要的防护装备,如直升机专用救生衣、高速引航船和交通车的安全带等。	

附件 1.8　引航员落水应急救援风险管控清单

附表 1－15　引航员落水应急救援风险辨识评估清单

风险事件	事故类型	致险因素				风险事件发生的可能性	风险事件后果严重程度	风险事件风险等级
		人的因素	设备设施因素	环境因素	管理因素			
引航员伤亡	其他伤害	引航员落水后，应急救援不及时或应急处置不当，均可能导致引航员伤亡。	①引航船干舷较高，不利于施救落水引航员或落水引航员攀爬上引航船。引航船未配备适宜的设备设施，如船侧或船尾的低位平台、钩具、吊具、可移动的梯子等，可能不能及时救起落水引航员。 ②引航船、被引船、救援船等船舶可能对落水引航员造成伤害。	①夜间、能见距离受限天气发生事故，不利于对落水引航员的有效施救。 ②水温较低的季节，引航员落水后容易失温，如不快速救起，可能导致引航员伤亡。	未制定应急预案或应急预案未进行演练。	可能（6）	较严重（2）	一般（12）

附表 1－16　引航员落水应急救援风险管控措施清单

序号	风险管控措施类型	风险管控措施内容	风险管控措施制定依据
1	应急措施	发生引航员落水事故时，现场人员立即向落水的引航员附近抛掷带有自亮灯浮的救生圈，确定落水引航员的位置并使其始终保持在视线范围内。应有足够的照明设备照射至引航员落水处。	
2	应急措施	现场人员保持持续瞭望且迅速按照应急救援预案的要求投入救援。	
3	应急措施	现场人员立即报告引航机构、海事管理机构等相关部门。	

附表 1 - 16(续表)

序号	风险管控措施类型	风险管控措施内容	风险管控措施制定依据
4	应急措施	防止引航船、被引船、救援船等船舶对落水引航员造成伤害。	
5	应急措施	引航船应配备适宜的设备设施,如船侧或船尾的低位平台、钩具、吊具、可移动的梯子等,以便引航员落水后被及时施救上船。建议引航船配置远红外探测仪和引航员配置无线电发射设备,以便及早发现落水引航员。	

注:为便于引航员深刻理解登离船作业的风险防控内容,每条“风险管控措施内容”后边列出了该措施的“依据来源”;未列出的,均为从文献或引航机构的制度中摘录。

第2章　引航员登离船作业隐患排查治理手册

2.1　适用范围

本手册主要用于指导引航机构和引航员开展引航员登离船作业隐患排查治理工作。

2.2　依据文件

2.2.1　法律、法规、规章及文件

(1)《中华人民共和国海上交通安全法》(2021年国家主席令第79号)

(2)《中华人民共和国道路交通安全法》(2021年国家主席令第81号)

(3)《船舶引航管理规定》(交通运输部令2021年第25号)

(4)《船舶最低安全配员规则》(交通运输部令2018年第43号)

(5)《一般运行和飞行规则》(交通运输部令2022年第3号)

(6)《小型商业运输和空中游览运营人运行合格审定规则》(交通运输部令2022年第4号)

(7)《特殊商业和私用大型航空器运营人运行合格审定规则》(交通运输部令2022年第6号)

(8)《关于加强引航管理的通知》(交办水〔2016〕177号)

(9)《公路水路行业安全生产事故隐患治理暂行办法》(交安监发〔2017〕60号)

2.2.2 标准、规范

（1）《引航服务规范》JT/T 948—2014

（2）《引航员软梯》CB/T 3142—2013

（3）《引航员舷梯装置》CB/T 3561—2013

（4）《引航员软梯卷车》CB/T 3727—2013

（5）《船舶引航气象条件等级》QX/T 333—2016

（6）《国际海上人命安全公约》(SOLAS)，国际海事组织(IMO)海上安全委员会(MSC)第88届会议于2010年通过SOLAS第V章第23条引航员登离船装置修正

（7）《引航员登离船介绍》国际海事组织 IMO A.1045(27)号决议

2.3 名词术语

（1）一般隐患：是指除重大隐患外，可能导致安全生产事故发生的隐患。(《公路水路行业安全生产隐患治理暂行办法》的通知(交安监发〔2017〕60号))

（2）重大隐患：是指极易导致重特大安全生产事故，且整改难度较大，需要全部或者局部停产停业，并经过一定时间整改治理方能消除的隐患，或者因外部因素影响致使生产经营单位自身难以消除的隐患。(《公路水路行业安全生产隐患治理暂行办法》的通知(交安监发〔2017〕60号))。

2.4 隐患分级

本手册按照引航员登离船时相关各方的责任权属进行隐患排查清单分类。

按照《公路水路行业安全生产隐患治理暂行办法》的通知(交安监发〔2017〕60号)第八条，隐患分为重大隐患和一般隐患，引航机构可根据自身管理实际，确定隐患级别。

本手册中的重大隐患有5点，具体如下：

（1）恶劣的气象、海况；

（2）被引船的引航员登离船装置不符合安全规定；

（3）引航员登离船时乘坐的交通车已达报废年限；

(4) 引航员登离船时乘坐的引航船不适航；

(5) 引航员登离船时乘坐的直升机不符合标准要求且未进行检验或检验不合格。

2.5　工作程序

引航员登离船作业隐患排查治理工作程序详见图2-1。

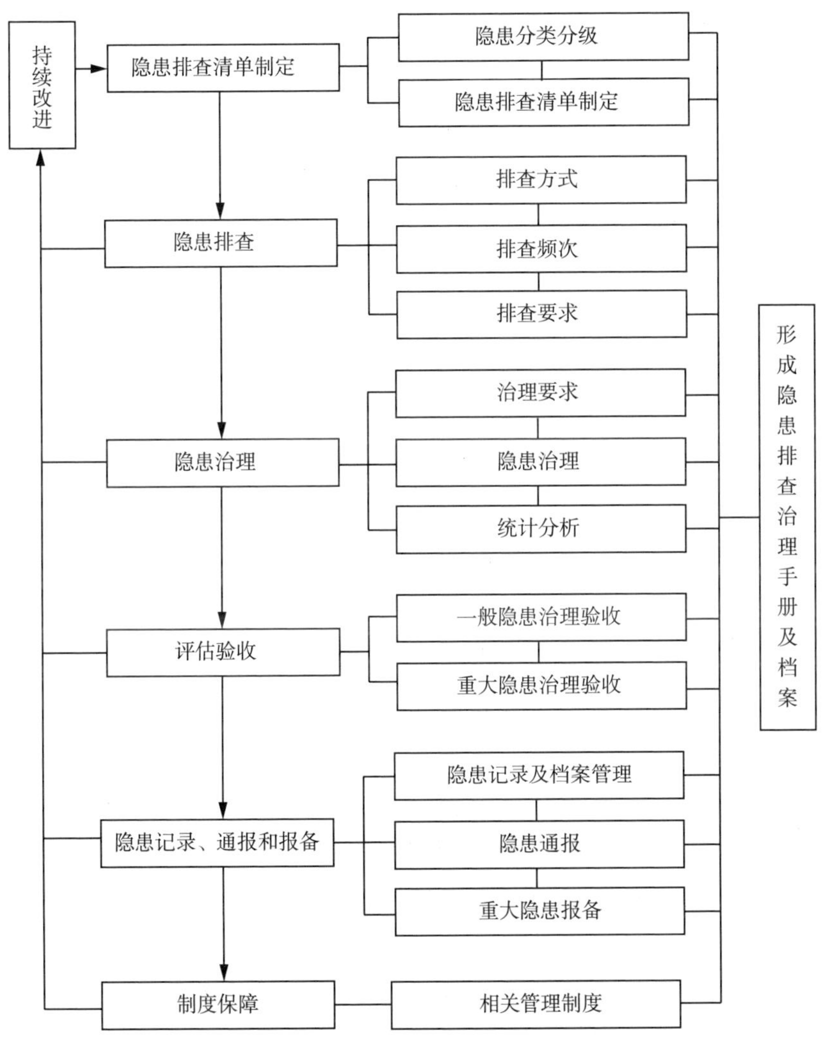

图2-1　引航员登离轮作业隐患排查治理工作程序

2.6 隐患排查

2.6.1 排查方式

隐患排查形式包括日常排查和事故类比排查等。

1）日常排查

日常排查主要指引航员、被引船、引航船、直升机、交通车各方在引航员登离船作业活动中的日常性检查，重点指对引航员登离船装置进行检查。

2）事故类比排查

事故类比排查指发生引航员登离船事故后的举一反三的安全检查。

2.6.2 排查频次

排查频次包括次、天、周、月、季、半年、年等，本手册主要排查频次是次、月、半年。

当发生以下情形之一时，引航机构应根据情况及时组织进行隐患排查。

（1）法律、法规、规章、文件、标准、规范等发生变化；

（2）作业环境、作业流程和作业人员等发生变化；

（3）出现事故或险肇事故或对安全事故、事件有新认识；

（4）应急预案演练结果提出新需求；

（5）引航机构自身提出更高要求等。

2.6.3 排查要求

引航员登离船作业涉及引航员本身及被引船、引航船、直升机、交通车、码头等相关方。各方应根据设备设施权属及责任权属，认真落实引航员登离船作业相关的风险管控责任和隐患排查责任，以保障引航员登离船作业安全。

引航机构应按照《安全生产法》的要求，与引航船、直升机、交通车等相关方签订安全协议，明确安全职责，督促相关方共同做好引航员登离船作业的风险管控。

引航员在遇到下列情况之一时，有权拒绝、暂停或者终止引航，并及时向引航机构、海事管理机构报告。

（1）恶劣的气象、海况；

（2）被引船不适航；

（3）航道或者码头条件不满足被引船的航行、停泊、作业的安全要求；

（4）被引船的引航员登离船装置不符合安全规定；

（5）引航员身体不适，不能继续引领船舶；

（6）其他不适于引航的原因。

2.7　隐患治理

引航员本身及被引船、引航船、直升机、交通车等相关方在隐患排查过程中发现的隐患，责任方应积极落实整改，以保障引航员登离船作业安全。

2.8　统计分析

引航机构应对引航员登离船作业中出现的事故或险兆事件进行定期的统计分析，及时梳理、发现苗头性问题和规律，跟进风险管控状态，斩断风险管控不到位变成事故隐患、隐患未及时被发现和治理演变成事故的传递链条，指导引航员登离船作业隐患排查治理工作的持续改进。

2.9　隐患记录通报和报备

2.9.1　隐患记录

在引航员登离船作业隐患排查治理实施及持续改进过程中，引航机构应完整保存体现隐患排查、治理、验收全过程的记录资料，并分类建档管理。

隐患排查记录及档案至少应包括隐患排查治理制度、隐患排查清单、隐患排查治理台账等。

重大隐患排查、评估记录，隐患治理复查验收记录等，应单独建档管理。

2.9.2　隐患通报

引航机构应对排查出的隐患如实记录，并采取相应的方式向引航员通报。

2.9.3　重大隐患报备

引航机构应按照交通运输部《公路水路行业安全生产隐患治理暂行办法》中对重大隐患信息报备的管理要求，遵照“及时报备、动态更新、真实准确”的原则，通过公路水路行业安全生产隐患治理信息系统向属地海事管理机构及时报备重大隐患信息，接受管理部门的监督管理。

2.10 隐患管理制度

按照《公路水路行业安全生产事故隐患治理暂行办法》(交安监发〔2017〕60号)的要求，引航机构的隐患管理制度包括隐患排查治理制度、隐患排查治理责任考核和奖惩制度、变更管理制度、教育培训制度等。引航机构应根据引航员登离船作业要求，制定相应的管理制度并严格实施。

1）隐患排查治理制度

隐患排查治理制度包括隐患排查、治理、评估验收、告知、报备、建档等方面，应明确各岗位的隐患排查治理责任及要求，明确隐患排查、治理及评估验收的闭环管理流程及相关要求。

2）隐患排查治理责任考核和奖惩制度

隐患排查治理责任考核和奖惩制度包括全员参与、隐患治理责任落实情况的岗位绩效考核、隐患治理表彰及激励等方面，畅通投诉、举报渠道，鼓励从业人员主动参与隐患排查和治理。

3）变更管理制度

变更管理制度应明确当出现法律、法规、规章、标准、规范等发生变化；政府文件提出新要求；企业组织机构及安全管理机制发生变化；作业环境、作业工艺、设备设施等发生变化；出现事故或险肇事故或对安全事故、事件有新认识；应急预案演练结果提出新需求；气候条件发生大的变化或预报可能发生重大灾害天气；企业自身提出更高要求等情形时，应及时对隐患排查治理的范围、隐患信息等内容进行更新，并不断完善风险管控措施等相关内容。

4）教育培训制度

教育培训制度包括培训计划、培训实施、培训效果评估等内容，识别各级人员隐患排查治理相关培训需求，不断提升从业人员的安全意识和能力。

2.11 持续改进

引航机构应建立隐患排查、治理的闭环管理流程，推动各方积极查找引航员登离船作业中的引航员及船员的不安全行为、引航员登离船装置的不安全状态、环境的不安全因素和管理上的缺陷，持续开展隐患排查治理，并不断提升引航员的安全意识、风险管控能力和隐患排查治理能力，形成风险辨识管控在前、隐患排查治理在后的“两道防线”，从而减少和杜绝各类生产安全事故的发生，保证引航员登离船作业安全。

附件 2　隐患排查清单

附件 2.1　引航机构和引航员隐患排查清单

附表 2－1　引航机构和引航员隐患排查清单

序号	排查要点	排查内容	排查依据	排查周期	排查周期单位	隐患等级	排查责任部门	排查责任人
1	引航安全管理	引航机构应当落实引航安全主体责任，配备必要的设施、装备和人员，建立并实施引航安全管理体系。	《船舶引航管理规定》第十六条	1	半年	一般		
2	引航员安全培训	引航机构应当对引航员进行培训，并保障引航员的休息时间、职业健康、工资报酬、社会保险等符合国家有关规定。	《船舶引航管理规定》第十八条	1	半年	一般		
3	引航员安全教育	引航机构应督促引航员按照引航操作规程引领船舶，保证引航员人身安全、引航安全和服务。		1	月	一般		
4	应急预案制定	制定特殊情况下的引航应急预案，提高引航综合应急反应能力。	《关于加强引航管理的通知》	1	半年	一般		

附表 2-1(续表)

序号	排查要点	排查内容	排查依据	排查周期	排查周期单位	隐患等级	排查责任部门	排查责任人
5	引航方案制定	引航机构应当满足船舶提出的正当引航要求,及时为船舶提供引航服务,不得无故拒绝或者拖延。 引航长、宽以及吃水或者水面以上高度接近相应航道通航条件限值的船舶,引航机构应当制定引航方案,报市级地方人民政府港口主管部门和海事管理机构备案。 引航方案应当由一级引航员主持或者参与制定。引航方案应当包括船舶基本情况、注意事项、风险评估、安全保障和应急处置措施。	《船舶引航管理规定》第二十三条	1	次	一般		
6	引航计划制定	引航计划应当以船舶计划和港口生产计划为基础,对未来 12～48 h 内申请引航作业的船舶进行预安排。引航计划应当包括船名、引航员、引航起始时间和地点、引航结束时间和地点、助泊拖船安排、交通工具等信息。	JT/T 948—2014 3.3.1	1	次	一般		
7	引航计划公布	引航计划制订完毕后,应于当日公布,并通知申请人。遇恶劣天气等情况不能正常引航时,引航计划可相应推迟公布并通知申请人。	JT/T 948—2014 3.3.2	1	次	一般		
8	引航计划变更	因港口作业、船舶手续、恶劣天气、船方原因等导致引航计划变更时,引航机构应根据服务对象的要求和现场情况合理调整引航计划。引航机构应将变更后的引航计划通知申请人。	JT/T 948—2014 3.3.3	1	次	一般		

附表 2－1(续表)

序号	排查要点	排查内容	排查依据	排查周期	排查周期单位	隐患等级	排查责任部门	排查责任人
9	引航人员安排	引航机构在接到船舶引航申请后,应当及时安排持有有效证书的引航员,并通知申请人。	《船舶引航管理规定》第二十二条	1	次	一般		
10	引航人员变更	因引航员身体不适时,引航机构接到报告后,应当及时安排其他引航员按引航计划实施后续引航。	JT/T 948—2014 3.5.13.c)	1	次	一般		
11	通信设备、通信频道	引航机构、被引船、引航船,均应当配备必要的通信设备或者器材,以便及时与引航员保持联系。	《船舶引航管理规定》第三十六条	1	次	一般		
12	引航气象条件	影响船舶引航的气象条件主要为风力和能见度,引航作业气象条件按照当地海事管理机构的相关要求执行。		1	次	一般		
13	引航员持证上岗	引航员应当持有有效的船员适任证书,服从引航机构的安排和管理,并按照有关规定开展引航活动。	《船舶引航管理规定》第十九条	1	次	一般		
14	引航员遵守法律法规	引航员应当严格执行有关引航法律、法规和规章。	JT/T 948—2014 4.1	1	次	一般		
15	引航员禁止饮酒	引航员在执行引航任务前和在引航过程中禁止饮酒。	JT/T 948—2014 4.4	1	次	一般		

附表 2－1(续表)

序号	排查要点	排查内容	排查依据	排查周期	排查周期单位	隐患等级	排查责任部门	排查责任人
16	引航员在规定地点登离船	引航员应当根据引航机构的指派，在规定的水域登离被引领船舶，安全谨慎地执行船舶引航任务。	《海上交通安全法》第三十一条第三款	1	次	一般		
17	引航员恶劣天气登离船	引航员应准时登上被引船。因恶劣天气等情况，引航员不能按时登船，引航员应告知被引船船长，请船长做出合理的等待与配合，并及时报告引航机构和海事管理机构。	JT/T 948—2014 3.5.4 3.5.7	1	次	一般		
18	引航员正常情况下离船	离船时，引航员应： ①将被引船引抵引航目的地，或被其他引航员或船长明确接替时方可终止引航任务，离开被引船； ②确认被引船处于安全水域，当时天气条件、被引船和引航船的行动满足引航员安全离船的要求时方可离船； ③向被引船船长说明当时的航速、航向、通航环境及其他需要注意的事项。	JT/T 948—2014 3.5.11	1	次	一般		
19	引航员不良天气条件下离船	引航员离船时，如当时天气条件无法保证在预定地点安全离船，经与被引船船长协商，经 VTS 同意，引航员可提前在安全地点离船，并由引航员在引航船上对被引船抵达至预定水域之间的航行进行引导和建议。		1	次	一般		

附表 2-1(续表)

序号	排查要点	排查内容	排查依据	排查周期	排查周期单位	隐患等级	排查责任部门	排查责任人
20	引航员与被引船和引航船通信联系	登离船前,引航员应与被引船和引航船保持甚高频无线电话联系,以便及时协调现场出现的问题。		1	次	一般		
21	引航员在引航船、被引船上行走要求	引航员在引航船、被引船上行走时,应使用安全通道,以防止跌倒、磕碰;夜间行走时,应要求护送人员提供必要的照明。		1	次	一般		
22	引航员拒绝、暂停或者终止引航	引航员在遇到下列情况之一时,有权拒绝、暂停或者终止引航,并及时向引航机构、海事管理机构报告: ①恶劣的气象、海况; ②被引船不适航; ③航道或者码头条件不满足被引船的航行、停泊、作业的安全要求; ④被引船的引航员登离船装置不符合安全规定; ⑤引航员身体不适,不能继续引领船舶; ⑥其他不适于引航的原因。 引航员在作出上述决定之前,应当明确地告知被引船的船长,并对被引船当时的安全作出妥善安排,包括将船舶引领至安全和不妨碍其他船舶正常航行、停泊或者作业的地点。	《船舶引航管理规定》第三十条	1	次	重大		

附表 2－1(续表)

序号	排查要点	排查内容	排查依据	排查周期	排查周期单位	隐患等级	排查责任部门	排查责任人
23	引航员应急技能培训	引航员乘坐引航船、直升机、交通车等引航交通工具时,应: ①受乘坐引航船、直升机、交通车安全培训及应急技能和逃生培训; ②接受人工复苏和冷水休克应对方面的培训; ③针对不同类型的引航船,引航员应熟悉该引航船上的安全设备的位置、存放及正确使用,包括浸水服、医疗用品、人员落水施救设备等; ④守乘坐规定,不妨碍船舶驾驶员、直升机机组人员、交通车驾驶员的工作,如需要,应给予驾驶员/飞行员/绞车手必要的建议和协助; ⑤引航员应穿戴和使用必要的防护装备,如直升机专用救生衣、高速引航船和交通车的安全带等。		1	次	一般		
24	引航员水上登离船之引航员登离船装置检查	登离船时,引航员应: ①登离船前,按 SOLAS 公约及国家标准规范中有关引航梯规定的相关要求(详见附图 A. 5 引航员登离船装置要求),检查边索、踏板及间距、止扭踏板、扶手绳、回收索、扶手立柱、舷墙梯、救生设备、照明、护送人员等项目,相关设施应符合规定要求。出现引航梯未固定牢固,踏板断裂、歪斜、湿滑、有油污,边索断股、磨损严重、霉变、老化等,引航梯最下端存在羁绊人和缠住引航船风险的各种绳环,回收索不在合理的		1	次	重大		

附表 2－1(续表)

序号	排查要点	排查内容	排查依据	排查周期	排查周期单位	隐患等级	排查责任部门	排查责任人
24	引航员水上登离船之引航员登离船装置检查	位置,照明不足,扶手立柱和舷墙梯未固定,登离船时引航梯顶部无人值守等情况,有权拒绝登离船。 ②使用组合梯登离船时,应确认舷梯牢固系固在船舷上,已放好扶手栏杆,舷梯下平台踏板销已固定。 ③如对引航员登离船装置的安全状况有怀疑,应要求被引船派人试踏,必要时要求被引船更换或重新安装,确保符合标准要求后方可登离船。引航员登离船装置不符合要求时,及时向引航机构、海事管理机构报告,确认符合标准要求后方可登离船。 ④应充分考虑当时环境条件和身体状况,选择合适的时机登离船,如果引航员认为不可能安全登离船,则应放弃,并及时向引航机构报告。		1	次	重大		
25	引航员水上登离船之攀爬引航梯	攀爬引航梯时,引航员应: ①确认引航船已靠好被引船,且未与引航梯发生绞缠、挤压和刮挂。 ②应谨慎小心,做到手抓牢、脚踏实,注意落脚点,防止滑脱、跌落,同时注意头部防碰。 ③登船时,注意先试踏引航梯,以检查引航梯是否牢固;试踏舷梯下平台,以检查踏板销是否插牢,落实后方可登船。		1	次	一般		

附表 2－1(续表)

序号	排查要点	排查内容	排查依据	排查周期	排查周期单位	隐患等级	排查责任部门	排查责任人
25	引航员水上登离船之攀爬引航梯	④登离船时，是否使用扶手绳由引航员选择。如果引航员需要，应提前通知被引船，被引船应根据引航员的要求提供或移除扶手绳。 ⑤建议 1 人登临在引航梯上。		1	次	一般		
26	引航员水上登离船之被引船干舷较低时登离船	因被引船干舷较低，不需安装引航梯时： ①被引船应在舷侧或船尾布置好相应的其他引航员登离船装置且应保障装置完好； ②引航员登离船时，被引船及引航船的护送人员要及时保护。		1	次	一般		
27	引航员水上登离船之锚地登船	引航员如需在锚地登船，引航员应： ①使用甚高频无线电话与被引船保持联系，了解被引船船位，通报引航员登船时间； ②了解锚地风浪情况和引航员登离船装置的位置； ③如因风浪原因不能安全登船时，建议被引船做下风或起锚做下风； ④其他安全要求同上。		1	次	一般		
28	引航员码头登离船之登船梯登离船	引航员可采用码头上设置的登船梯登离船，登离船时应踏实抓牢。		1	次	一般		

附表 2－1(续表)

序号	排查要点	排查内容	排查依据	排查周期	排查周期单位	隐患等级	排查责任部门	排查责任人
29	引航员码头登离船之船舶舷梯登离船	在码头无登船梯而采用船舶舷梯登离船时，引航员应检查舷梯、护栏、安全网、通道等，发现事故隐患及时通知被引船相关人员。使用舷梯时脚要踏实、手要抓牢。		1	次	一般		
30	引航员码头登离船之浮码头登离船	浮码头登离船时，应检查船岸连接设施（引桥、渡板、护栏等）是否完好有效，连接是否牢固，发现事故隐患及时通知码头相关人员。登离船时要踏实抓牢，每次只限 1 人上下。		1	次	一般		
31	引航员码头登离船之登离船通道	在被引船未系牢缆绳、码头未设置好规范通道时，禁止引航员以非正规的方式登离船。		1	次	一般		
32	引航员直升机登离船之上下直升机	引航员和直升机飞行员、绞车手协调配合。在绞车手的协助下绞车吊运或在绞车手的指导下进出直升机。绞车吊运时应使用静电释放绳。绞车吊运速度不可过快。		1	次	一般		
33	引航员非常规船舶登离船之风险评估	港口主管部门应与引航机构协商确定非常规的和不常见的船舶，并提前对非常规的和不常见船舶的引航员登离船作业进行风险评估。		1	次	一般		

附表 2-1(续表)

序号	排查要点	排查内容	排查依据	排查周期	排查周期单位	隐患等级	排查责任部门	排查责任人
34	引航员非常规船舶登离船之登离无人驳船	当登离无人驳船时,引航员使用引航员登离船装置前应认真检查,确认其完好状态。		1	次	一般		
35	引航员非常规船舶登离船之登离无人被拖物	登离无人被拖物前,应进行风险评估并制定特殊作业程序,并严格执行。		1	次	一般		
36	引航员非常规船舶登离船之登离高速艇等船舶	高速艇和某些船舶没有平行的舷侧可供设置引航梯,引航员可到出发港口上船。		1	次	一般		
37	引航员非常规船舶登离船之登离海上浮式平台	海上浮式平台等非常规船舶引航作业时,申请方应配置符合相关规范要求的登离船装置或设施。		1	次	一般		

附件 2.2　交通车提供方隐患排查清单

附表 2－2　交通车提供方隐患排查清单

序号	排查要点	排查内容	排查依据	排查周期	排查周期单位	隐患等级	排查责任部门	排查责任人
1	交通车定期检验	对登记后上道路行驶的交通车，应当依照法律、行政法规的规定，根据车辆用途、载客数量、使用年限等不同情况，定期进行安全技术检验。	《道路交通安全法》第十三条第一款	1	半年	一般		
2	交通车安全要求	达到报废标准的交通车不得上道路行驶。	《道路交通安全法》第十四条第三款	1	半年	重大		
3	安全教育	机关、部队、企业事业单位、社会团体以及其他组织，应当对本单位的人员进行道路交通安全教育。	《道路交通安全法》第六条第三款	1	月	一般		
4	驾驶员持证上岗	驾驶交通车，应当依法取得机动车驾驶证。	《道路交通安全法》第十九条第一款	1	次	一般		
5	驾驶员按驾驶证驾驶	驾驶员应当按照驾驶证载明的准驾车型驾驶交通车。	《道路交通安全法》第十九条第四款	1	次	一般		
6	驾驶员遵章守纪	交通车驾驶员应当遵守道路交通安全法律、法规的规定，按照操作规范安全驾驶、文明驾驶。	《道路交通安全法》第二十二条第一款	1	次	一般		
7	驾驶员禁忌要求	饮酒、服用国家管制的精神药品或者麻醉药品，或者患有妨碍安全驾驶交通车的疾病，或者过度疲劳影响安全驾驶的，不得驾驶交通车。	《道路交通安全法》第二十二条第二款	1	次	一般		

附表 2－2(续表)

序号	排查要点	排查内容	排查依据	排查周期	排查周期单位	隐患等级	排查责任部门	排查责任人
8	开车前安全检查	驾驶员驾驶交通车上道路行驶前,应当对交通车的安全技术性能进行认真检查;不得驾驶安全设施不全或者机件不符合技术标准等具有安全隐患的交通车。	《道路交通安全法》第二十一条	1	次	一般		
9	交通车载客及人数要求	交通车载人不得超过核定的人数,不得违反规定载货。	《道路交通安全法》第四十九条	1	次	一般		
10	驾驶员文明驾驶、安全驾驶	交通车上道路行驶,不得超过限速标志标明的最高时速。在没有限速标志的路段,应当保持安全车速。夜间行驶或者在容易发生危险的路段行驶,以及遇有沙尘、冰雹、雨、雪、雾、结冰等气象条件时,应当降低行驶速度。	《道路交通安全法》第四十二条	1	次	一般		
11	安全带、安全头盔	交通车行驶时,驾驶员、引航员应当按规定使用安全带。	《道路交通安全法》第五十一条	1	次	一般		
12	交通车故障处置	交通车在道路上发生故障,需要停车排除故障时,驾驶员应当立即开启危险报警闪光灯,将交通车移至不妨碍交通的地方停放;难以移动的,应当持续开启危险报警闪光灯,并在来车方向设置警告标志等措施扩大示警距离,必要时迅速报警。	《道路交通安全法》第五十二条	1	次	一般		
13	道路交通事故处置	交通车在道路上发生交通事故,车辆驾驶员应当立即停车,保护现场;造成人身伤亡的,车辆驾驶员应当立即抢救受伤人员,并迅速报告执勤的交通警察或者公安机关交通管理部门。因抢救受伤人员变动现场的,应当标明位置。	《道路交通安全法》第七十条	1	次	一般		

附件 2.3　引航船提供方隐患排查清单

附表 2－3　引航船提供方隐患排查清单

序号	排查要点	排查内容	排查依据	排查周期	排查周期单位	隐患等级	排查责任部门	排查责任人
1	引航船定期检验	引航船应符合制造规范的要求，并定期进行检验且检验合格。		1	半年	一般		
2	引航船适航要求	引航船应确保适航。		1	半年	重大		
3	引航船施救落水引航员设备	引航船应配备适宜的设备设施，如船侧或船尾的低位平台、钩具、吊具、可移动的梯子等，以便引航员落水后被及时施救上船。建议引航船配置远红外探测仪和引航员配置无线电发射设备，以便及早发现落水引航员。		1	半年	一般		
4	引航船作业要求	引航船不应从事引航船证书规定之外的任何活动，该证书内容应清楚地在船上公示。		1	半年	一般		
5	其他船舶临时作为引航船时的要求	当其他船舶临时作为接送引航员的引航船时，在其工作期间不仅应符合船舶规范要求，还需满足船舶转运人员的资质要求。		1	半年	一般		
6	高速引航船要求	高速引航船应配备合适的座椅和配套的安全带。		1	半年	一般		

附表 2－3(续表)

序号	排查要点	排查内容	排查依据	排查周期	排查周期单位	隐患等级	排查责任部门	排查责任人
7	引航船稳定性要求	引航船应合理调配水舱和油舱的使用，减小自由液面；合理压载，调节船舶稳心，避免或减小横摇。建议有条件的引航船配置减摇稳定设备。		1	次	一般		
8	引航船配员	引航船配员应符合交通运输部《船舶最低安全配员规则》的规定。		1	次	一般		
9	风浪较大时引航船选择	在风浪较大时，应选派操纵性较好、抗风浪能力较强的引航船接送引航员，以确保引航员登离船安全。		1	次	一般		
10	引航船船员技能要求	引航船船员应： ①接受相应的引航船作业培训和应急处置培训，如系统操作、引航员登离船作业和颠簸处置等； ②接受人员急救方面的专项培训，如接受人工复苏和冷水休克应对方面的培训等，并持证上岗； ③接受引航船安全设备储存以及日常使用所开展的安全培训，具备必要的安全技能； ④所有的演习和检查均应记载在专门的日志上。		1	次	一般		
11	接送引航员前，引航船驾驶员和被引船沟通事项	在接送引航员前，经与相关引航员协商后，引航船驾驶员或船舶交通管理（VTS）或引航机构相关工作人员应当将以下相关要求通知被引船： ①引航员登离船装置安装的舷侧以及距离水面高度。 ②确认被引船的位置，建议航向和航速。 ③被引船为多艘时，提供船舶前后顺序。确认被引船的相对位置以及区域内所有船舶未来的运动态势。		1	次	一般		

附表 2－3(续表)

序号	排查要点	排查内容	排查依据	排查周期	排查周期单位	隐患等级	排查责任部门	排查责任人
11	接送引航员前,引航船驾驶员和被引船沟通事项	④当多名引航员登离同一艘船舶时,引航船(或引航员)和被引船之间应明确引航员总人数。 ⑤其他额外的要求,如撇缆绳、扶手绳等。		1	次	一般		
12	引航船航行时的要求	在航时,引航船应: ①以适合当时海况、周围环境和交通流情况的安全航速航行。加强对周边环境的瞭望,严禁违章操作。 ②主甲板上所有通向下层空间的通道开口都应被封闭。 ③松散的设备或物品应妥善存放和固定。 ④引航船甲板通道应清除所有障碍物,以保证引航员和船员的顺畅行走和活动。 ⑤在能见度受限的情况下,应遵守当地港口的相关规定。能见度不良或风浪(涌浪)太大以至于不能安全出航时,应立即停止出航作业。 ⑥引航船所属管理部门应加强对引航船驾驶员操纵监控管理。		1	次	一般		
13	引航船工作时防冻、防滑、防风、防台措施	引航船应认真落实防冻、防滑、防风、防台等相关措施,以确保引航船安全和引航员的人身安全。甲板通道应防滑并且无障碍,甲板有积水、积雪或上浪结冰时应及时铲除干净,铺设草垫、防滑网并对主要通道安装扶手栏杆;通道上方有障碍物时应进行警示,随行船员应及时提醒和保护。引航员行走通道应进行明显标识。		1	次	一般		

附表 2－3(续表)

序号	排查要点	排查内容	排查依据	排查周期	排查周期单位	隐患等级	排查责任部门	排查责任人
14	引航船向在航的被引船靠拢时安全要求	向在航的被引船靠拢时，引航船应： ①要求被引船保持合适的下风和航速，以保证引航船安全及引航员登离船安全。 ②确保在被引船边稳定并靠，以便能够安全地完成引航员登离船作业。 ③建议从被引船的正横以后方向靠近，避免穿越其船首。引航船从引航员登离船装置同侧的正横以前方向接近被引船时，应在其所兴波浪基本消失以后才能靠近被引船，以确保引航船所兴的波浪不影响引航员的登离船。引航船从安装引航员登离船装置相反舷侧接近被引船时，建议绕过船尾接近引航员登离船装置，以减少引航船所兴波浪对引航员登离船造成的不利影响。 ④接送引航员作业遇大风浪，引航船难以贴靠时，应要求被引船调整航向、航速，做好下风，直到海浪较小时贴靠。如风浪过大，威胁到引航员人身和引航船安全，禁止贴靠。 ⑤在靠近被引船的过程中，引航员和船员均应留在引航船的舱室中，直到引航船到达被引船的引航员登离船装置处。 ⑥船员应注意查看舷梯、引航梯的高度是否适当，避免刮挂或磕碰舷梯或引航梯。引航船靠在被引船边，引航梯与引航船应留有充足的空间，避免引航船摇荡和颠簸时触碰到引航员登离船装置。 ⑦引航船夜间靠近被引船时，应打开引航船的探照灯，探查水上情况、保障引航员登离船装置处和引航船甲板走道有充足的照明。 ⑧引航员通过引航员登离船装置离船前，引航船船员应提前到达，查看引航员登离船装置是否符合要求。		1	次	一般		

附表 2-3(续表)

序号	排查要点	排查内容	排查依据	排查周期	排查周期单位	隐患等级	排查责任部门	排查责任人
15	引航船施放快艇安全要求	当引航船作为母船用施放快艇的方式接送引航员时,应待引航船相对平稳之时施放引航船下风侧的快艇。快艇驶离后,引航船尽可能驶至被引船下风侧,等待快艇返航后将其吊回引航船。		1	次	一般		
16	船员护送引航员责任	引航船船员应护送引航员,保护引航员登离船及行走的安全。当遇到大风浪、雨雪等恶劣天气时应适当增加护送引航员的船员。		1	次	一般		
17	船员护送引航员进出舱室时要求	引航船船员护送引航员进出舱室,应综合考虑甲板的宽度、安全扶手的位置和可用性、引航船的纵横摇、准备登船的位置、引航船驾驶员观察登离船作业的视角等,选择最安全的路线从引航船舱室至引航员登离船装置处。		1	次	一般		
18	船员护送引航员登离船时要求	引航船船员护送引航员登离船时,应: ①船员应确保救生设备随时可用。 ②船员应确保引航梯高度适宜、引航梯不被挤压和刮挂、引航员登离船处周边无杂物。 ③护送引航员登离船时,船员要面向引航梯,尽量使引航梯贴紧被引船。 ④在引航员下引航梯过程中,应告知引航员到达引航船甲板剩余踏板数量和提醒所存在的危险;在引航员从引航梯跨到引航船的过程中,船员应给予引航员身体保护。 ⑤引航员可能不是在最后一块踏板离开引航梯,船员应提醒、配合和保护引航员。		1	次	一般		

附表 2－3(续表)

序号	排查要点	排查内容	排查依据	排查周期	排查周期单位	隐患等级	排查责任部门	排查责任人
19	引航梯调整时引航船要求	是否需要将引航梯最下端几块踏板放至引航船甲板上以避免引航船挤压和刮挂到引航梯，造成引航梯被拉扯受损的情况，应进行风险评估，从而采取相应控制措施以应对该风险。 如果需要调整引航梯的高度，引航船驾驶员应通知被引船。 调整引航梯时，引航员和引航船船员应停留在舱室内，直至收到引航梯高度调整到位的信息后才能开始登船。		1	次	一般		
20	引航员登上引航梯后引航船要求	引航员登上引航梯后，引航船是否离开被引船，应按照当地引航机构管理规定执行。 ①若引航船离开被引船一定距离，引航船船员应加强瞭望直到引航员踏上被引船甲板；若引航船不离开被引船，引航船船员应注意引航船不得挤压和刮挂引航梯。 ②风浪较大时，所有人员安全进入舱室之前，引航船不得驶离被引船。 ③若引航船难以离开被引船船边，引航船驾驶员可将情况告知被引船船长，并要求船长调整航向、航速等予以协助。		1	次	一般		
21	引航员锚地登船	引航员如需在锚地登船，引航船应： ①观测、确认引航员登离船是否安全。 ②并靠时，充分考虑风浪流影响，选择波浪相对较小的舷侧进行并靠，控制航速，避免磕碰引航员登离船装置、挤压和刮挂引航梯。 ③如果可行，建议选择船首顶靠的方式。		1	次	一般		

附表 2-3(续表)

序号	排查要点	排查内容	排查依据	排查周期	排查周期单位	隐患等级	排查责任部门	排查责任人
22	通信设备、通信频道	引航机构、被引船、引航船，均应当配备必要的通信设备或者器材，以便及时与引航员保持联系。	《船舶引航管理规定》第三十六条	1	次	一般		
23	引航船航海日志	每艘引航船上均应认真地记载与保管航海日志，包括安全设备的周期性检查、安全演习以及存在缺陷的改进等记录。		1	次	一般		

附件 2.4　直升机提供方隐患排查清单

附表 2－4　直升机提供方隐患排查清单

序号	排查要点	排查内容	排查依据	排查周期	排查周期单位	隐患等级	排查责任部门	排查责任人
1	直升机定期检验	直升机应适合引航作业。直升机具有现行有效的适航性，并为水上构型，处于适航可用状态。		1	半年	重大		
2	作业程序和应急响应程序	直升机公司应制定常规作业程序和应急响应程序，并严格督促其执行。		1	季度	一般		
3	人员培训	直升机飞行员、绞车手应： ①接受飞行员、绞车手应对复杂天气以及各类突发事件的操作方法培训和应急处置能力培训，符合岗位要求； ②接受人员急救方面的专项培训，如接受人工复苏和冷水休克应对方面的培训等，并持证上岗。		1	半年	一般		
4	飞行前安全检查	飞行前，直升机飞行员应严格按照直升机相关要求认真检查各相关设备仪表，保障飞行安全。		1	次	一般		
5	飞行前安全培训	飞行前，直升机运营人员应对引航员进行安全培训。		1	次	一般		
6	飞行安全要求	直升机机组人员应： ①按照直升机飞行手册的规定谨慎起飞、飞行和降落，对飞行航线上的碍航物及局部天气突变的影响应进行充分的风险评估。 ②严格执行直升机接送引航员对天气环境的要求，恶劣天气不能保障飞行、绞车吊运、降落安全时应禁止飞行。		1	次	一般		

附表 2－4(续表)

序号	排查要点	排查内容	排查依据	排查周期	排查周期单位	隐患等级	排查责任部门	排查责任人
6	飞行安全要求	③降落前，机组人员需进行高空侦查和低空侦查，发现松散未固定物品及时通知被引船进行固定。飞行员与被引船做好充分沟通后飞机才能降落或悬停。 ④引航员绞车吊运时，飞机悬停高度符合安全要求，飞行员、绞车手应协调配合，保障引航员安全。 ⑤引航员进出机舱时，绞车手应给予引导和帮助。 ⑥直升机一旦发生迫降或坠海等事故时，机组人员应为引航员脱离直升机给予帮助，并应保证引航员优先撤离。		1	次	一般		
7	直升机与被引船或引航员通信联系	直升机应使用专用的甚高频无线电话频道与被引船或引航员联系，确认登离船时间、登离船水域等事项，并保持值守。		1	次	一般		

附件 2.5　被引船隐患排查清单

附表 2－5　被引船隐患排查清单

序号	排查要点	排查内容	排查依据	排查周期	排查周期单位	隐患等级	排查责任部门	排查责任人
1	被引船应当遵守的规定	被引船应当配备符合规定的引航员登离船装置，并保障引航员在登离船期间的安全。	《海上交通安全法》第三十一条第二款	1	次	重大		
2	因恶劣天气，引航船需变更登离船地点	因恶劣的天气或者海况等情形，引航员不能离开被引船或者不能在规定的登离水域登离船时，被引船船长应当制定相应的保障措施，并征得海事管理机构的同意后，将船舶驶抵能使引航员安全登离船的地点，并负责支付因此造成的相关费用。	《船舶引航管理规定》第三十五条	1	次	一般		
3	引航员登离船装置设置	被引船应设有能使引航员从任一船舷安全登离船的装置。 在所有船舶上，当从海平面至登离船处的距离超过 9 m，并欲将舷梯或其他同样安全方便的装置与引航梯一起供引航员登离船使用时，则应在每船舷均装有这种设备，除非该设备能够转移以供任一船舷使用。	SOLAS 公约 2010 第Ⅴ章第 23 条 3.1 第Ⅴ章第 23 条 3.2	1	次	一般		
4	引航员登离船装置安全保障	供引航员登离船使用的所有装置均应有效地达到使引航员安全登离船的目的。装置应保持干净，适当维护保养和存放并应定期检查，以确保其安全使用。这些装置应专门用于人员的登离船。	SOLAS 公约 2010 第Ⅴ章第 23 条 2	1	次	重大		

附表 2-5(续表)

序号	排查要点	排查内容	排查依据	排查周期	排查周期单位	隐患等级	排查责任部门	排查责任人
4	引航员登离船装置安全保障	引航员登离船装置的安装和引航员的登离船，应由一名责任驾驶员进行监督，该驾驶员应有与驾驶室进行联系的通信设备；应安排护送引航员经由安全通道前往和离开驾驶室；应对安装和操作任何机械设备的人员就所采用的安全程序进行指导，且设备在使用前应进行测试。	SOLAS 公约 2010 第Ⅴ章第 23 条 2	1	次	重大		
5	登离船用扶手绳、救生圈、撇缆绳	被引船应在引航员登离船装置处配备下列相关设备，以备在引航员登离船时即可使用： ①根扶手绳，直径不小于 28 mm，牢固地系在船上(如引航员有要求)； ②带有自亮灯浮的救生圈； ③撇缆绳。	SOLAS 公约 2010 第Ⅴ章第 23 条 7.1	1	次	一般		
6	照明	被引船应配备足够的照明，以照亮舷外的引航员登离船装置、甲板上人员登离船位置。	SOLAS 公约 2010 第Ⅴ章第 23 条 8	1	次	一般		
7	引航梯踏板	引航梯的踏板、止扭踏板、更换的踏板和更换的止扭踏板应采用无结疤的整块硬木(水曲柳、橡木、山毛榉或柚木)制造，或者用密度、强度、耐久性和浮力与之相似的其他材料制造。	CB/T 3142—2013 4.1.1	1	次	一般		

附表 2－5(续表)

序号	排查要点	排查内容	排查依据	排查周期	排查周期单位	隐患等级	排查责任部门	排查责任人
8	引航梯边索	引航梯每一边索应由整根没有接头的直径为 20 mm 的三股或四股优质白棕绳或麻绳组成，每一边索的破断强度应不小于 24 kN。 所有边索端部用涂过蜡的帆用细绳缠绕加固 25 mm，以防松动。	CB/T 3142—2013 4.1.3 4.1.6	1	次	一般		
9	引航梯外观	引航梯外观： ①引航梯的每一个部件不应有裂纹、毛刺、锐边、尖角、凸块或其他会伤害使用人的缺陷； ②踏板间距应等距、水平，不应有歪斜； ③引航梯的下端每一边端部均应捆扎以防破损； ④引航梯踏板与边索连接应靠紧，不应有松动。 用目视及手摸的方法检查引航梯的外观质量，结果应符合上述规定要求。	CB/T 3142—2013 4.3 5.3	1	次	一般		
10	引航梯踏板更换	引航梯在使用中踏板有损坏时，允许采用新踏板更换，但一副引航梯不应超过两块。	CB/T 3142—2013 4.7	1	次	一般		
11	引航梯标志	引航梯应在止扭踏板或其上第一、二块踏板的下面打上永久标志，标志内容如下： ①制造厂名称与标记； ②产品名称； ③产品规格；	CB/T 3142—2013 7.1.1	1	次	一般		

附表 2 - 5(续表)

序号	排查要点	排查内容	排查依据	排查周期	排查周期单位	隐患等级	排查责任部门	排查责任人
11	引航梯标志	④生产日期； ⑤产品质量合格印记。	CB/T 3142—2013 7.1.1	1	次	一般		
12	引航梯安装位置及系固	当所需爬高不小于 1.5 m、离水面高度不超过 9 m 时，引航梯位置和系固应做到： ①避开任何可能的船舶排水孔。 ②在平行船体长度范围内，并尽可能在船中或平行船体长度一半范围内。 ③每块踏板稳固地紧靠在船舷，如结构特性，例如护舷材妨碍本规定的实施，应作出使主管机关满意的特别布置，以确保引航员能安全登离船。 ④引航梯的单一长度能从登离船处抵达水面，并充分考虑所有装载工况和船舶纵倾及 15°的不利横倾；安全加固点、卸扣和系索的强度应至少与扶手绳相同。	SOLAS 公约 2010 第Ⅴ章第 23 条 3.3.1	1	次	一般		
13	引航梯固定方法	①为了安全固定引航梯，在每个绳索套环上用直径为 28～32 mm 适当长度的辅助索，把引航梯牢固地绑在靠近舷侧甲板的专用带环板上，详见附图 A.1、附图 A.2，不能绑在其他地方。 ②当引航梯长度不能全部使用时，要用 2 根直径为 28 mm 适当长度的辅助索或卸扣连接在甲板的专用带环板上，详见附图 A.3、附图 A.4。	CB/T 3142—2013 A.2	1	次	一般		

附表 2-5(续表)

序号	排查要点	排查内容	排查依据	排查周期	排查周期单位	隐患等级	排查责任部门	排查责任人
14	引航梯回收索	为确保安全设置引航梯而需要使用回收索时，应将其固定在最下面一块止扭踏板或其上，且朝船首方向。回收索不应妨碍引航员登离船，也不应妨碍引航船的安全驶近和离开。		1	次	一般		
15	舷梯外观	舷梯装置不应有歪斜、扭曲和变形等缺陷。 通过目视及手摸方法检查舷梯装置的外观，结果应符合上述规定要求。	CB/T 3561—2013 4.3 5.3	1	次	一般		
16	舷梯焊缝	舷梯装置的焊缝应无裂纹、夹渣、气孔、烧穿、未熔焊等缺陷。 通过目视检查舷梯装置的焊缝，结果应符合上述规定要求。	CB/T 3561—2013 4.4 5.4	1	次	一般		
17	舷梯防腐	舷梯装置的钢质零件与铝质零件接触面应垫多硫橡胶垫等防腐垫。舷梯装置的活动部位应涂中性润滑脂。 通过目视检查舷梯装置的防腐，结果应符合上述规定要求。	CB/T 3561—2013 4.6 5.6	1	次	一般		
18	舷梯标志	舷梯装置应在梯架两端显著位置标志下列内容： ①制造厂名称与标志； ②产品名称； ③产品规格； ④生产日期；	CB/T 3561—2013 7.1	1	次	一般		

附表 2-5(续表)

序号	排查要点	排查内容	排查依据	排查周期	排查周期单位	隐患等级	排查责任部门	排查责任人
18	舷梯标志	⑤质量合格印记; ⑥铭牌包括安全操作规则和负荷限制,包括最大和最小允许设计倾斜角、设计负荷、舷梯下平台的负荷、只限 2 人等。	CB/T 3561—2013 7.1	1	次	一般		
19	舷梯安装及固定	使用舷梯时,应放好栏杆,并穿好扶绳。		1	次	一般		
20	舷梯安装及固定	舷梯应导向船尾设置。在使用时,应设有装置系固舷梯下平台至船舷,以确保舷梯的下端和下平台稳固地紧靠在平行船体长度范围内的船舷,并应尽可能在船中一半船长范围内,且避开所有的排水孔。	SOLAS 公约 2010 第Ⅴ章第 23 条 3.3.2	1	次	一般		
21	组合梯安装及固定	当使用组合梯装置时,舷梯应牢固地固定在船上,舷梯下平台应当至少高于水面 5 m,倾斜角度最大不超过 45°。引航梯应使用系留座、磁铁吸盘等装置,在舷梯下平台 1.5 m 以上处系固在船舷上。		1	次	一般		
22	甲板上设备	供引航员登离船到甲板的通道应是安全、方便和无障碍的。如果这种通道是:①在栏杆或舷墙中开门,则应设有适当的扶手立柱。②舷墙梯,则应设有两根扶手立柱,其根部或接近根部处以及较高的几处应以刚性方式系固在船舶结构上。舷墙梯应牢固地固定在船舶上,以防翻转。	SOLAS 公约 2010 第Ⅴ章第 23 条 4 CB/T 3142—2013 A.3	1	次	一般		

附表 2－5(续表)

序号	排查要点	排查内容	排查依据	排查周期	排查周期单位	隐患等级	排查责任部门	排查责任人
22	甲板上设备	甲板上设备: ①在无舷墙门和栏杆处供引航员从引航梯的顶端登上船舶甲板的地方,为便于引航员安全的登上船舶,应设置适当的设备; ②在舷墙处应设置两根穿过舷墙顶部,并牢固地固定在甲板上的扶手立柱。扶手立柱直径为 40 mm,高出舷墙顶部的高度不小于 1 200 mm,两根扶手立柱的间距 700～800 mm,并在舷墙内装一舷墙梯(详见附图 A. 1、附图 A. 3); ③在栏杆处应设置一个平台,并装有 2 根扶手立柱,高度距平台不小于 1 200 mm,扶手立柱的直径为 40 mm,牢固的焊在平台和甲板栏杆上(详见附图 A. 2、附图 A. 4)。	SOLAS 公约 2010 第Ⅴ章第 23 条 4 CB/T 3142—2013 A. 3	1	次	一般		
23	引航梯卷车外观	引航梯卷车及减速箱零件不允许有凹坑、毛刺、锐边和裂纹等缺陷。 通过目视及触摸方法检查引航梯卷车的外观,结果应符合上述规定要求。	CB/T 3727—2013 4. 3 5. 3	1	次	一般		
24	引航梯卷车性能	引航梯卷车应达到如下性能要求: ①操纵装置灵活可靠; ②不应有不正常的噪声和振动; ③齿轮箱油温和轴承温度均不得超过 65 ℃;	CB/T 3727—2013 5. 5	1	次	一般		

附表 2-5(续表)

序号	排查要点	排查内容	排查依据	排查周期	排查周期单位	隐患等级	排查责任部门	排查责任人
24	引航梯卷车性能	④不应有漏油、漏气现象； ⑤零件不允许有严重磨损及永久变形； ⑥收放引航梯应顺畅，储存方便牢固，刹车安全可靠； ⑦1.5 倍工作负荷下应正常上升、下降和停止； ⑧平移过程应顺畅。	CB/T 3727—2013 5.5	1	次	一般		
25	引航梯卷车标志	经检验合格的引航梯卷车均应在明显处有如下标志： ①产品名称； ②制造厂名称与标志； ③型号及标准号； ④卷筒负载与支持负载； ⑤气动或电动马达功率； ⑥出厂日期； ⑦合格印记。	CB/T 3727—2013 7.1	1	次	一般		
26	舷门	供引航员登离船用的舷门不应向外开启。	SOLAS 公约 2010 第Ⅴ章第 23 条 5	1	次	一般		
27	通信设备、通信频道	被引船应使用甚高频无线电话的专用频道与引航机构和引航员联系，确认登船时间、登船水域等事项，并保持值守。 引航机构、被引船、引航船，均应当配备必要的通信设备或者器材，以便及时与引航员保持联系。	《船舶引航管理规定》 第二十五条 第三十六条	1	次	一般		

附表 2－5(续表)

序号	排查要点	排查内容	排查依据	排查周期	排查周期单位	隐患等级	排查责任部门	排查责任人
28	被引船工作时防冻、防滑、防风、防台措施	被引船应认真落实防冻、防滑、防风、防台等相关措施，以确保引航员的人身安全。甲板通道应防滑并且无障碍、有足够的照明，通道上方有障碍物时应进行警示，随行驾驶员要及时提醒。		1	次	一般		
29	被引船与引航船的配合	引航员登离船时，被引船应尽可能按照引航船驾驶员的建议保持适当的航速、航向，使安装的引航员登离船装置位于下风处，并保持足够的舵效。遇到引航员坠落时，应立即停车，避免旋转的螺旋桨威胁到引航员生命安全。		1	次	一般		
30	人员护送及救生设备	引航员登离船时，被引船应安排足够船员护送引航员并备妥相关救生设备。当遇到大风浪、雨雪等恶劣天气时，应适当增加护送引航员的船员。应先护送引航员后接送引航设备，接送引航设备时应拴牢避免磕碰和坠落。		1	次	一般		
31	引航员锚地登船	引航员如需在锚地登船，被引船应： ①使用甚高频无线电话与引航机构或引航船保持联系，了解引航船的要求； ②通报锚地风浪情况和引航员登离船装置的位置； ③随时准备为引航船做下风或起锚做下风； ④其他安全要求同上。		1	次	一般		

附表 2－5(续表)

序号	排查要点	排查内容	排查依据	排查周期	排查周期单位	隐患等级	排查责任部门	排查责任人
32	被引船与直升机配合	被引船须保证直升机降落点或悬停点标识清晰，周边无障碍物，操作区域内的任何松散未固定物品均已被固定。消防设备已准备完毕。灯光符合直升机安全起降及引航员绞车吊运安全要求。已做好甲板防滑工作。甲板人员已做好准备，无关人员已离开操作区域。		1	次	一般		
33	被引船与直升机配合	直升机降落或引航员绞车吊运时，被引船航速、航向、纵横摇及颠簸应满足直升机安全降落及引航员绞车吊运安全要求。		1	次	一般		

附件 2.6　码头方隐患排查清单

附表 2-6　码头方隐患排查清单

序号	排查要点	排查内容	排查依据	排查周期	排查周期单位	隐患等级	排查责任部门	排查责任人
1	登离船设施	直立式码头应设置登离船设施，且应保障完好有效。		1	次	一般		
2	登离船设施	浮码头的引桥、渡板或阶梯等船岸间连接设施应完好有效。船岸间连接设施应有防滑措施。 活动渡板应一端固定，另一端与船或岸应有安全的搭接长度，并在渡板端部两侧采用缆绳、铁链与船或岸上固定物系固。 引桥和渡板两侧应设置固定式或活动式护栏，护栏外侧应设置安全网。		1	次	一般		
3	安全管理	码头方应保障登离船设施的完好有效，特别是在大风、雨雪、冰冻等恶劣天气，应加强登离船设施的安全检查，加强对引航员登离船过程的风险管控。		1	次	一般		

注：为便于引航员深刻理解登离船作业的隐患排查内容，每条“排查内容”后边列出了该内容的“依据来源”；未列出的，均为从文献或引航机构的制度中摘录。

参考文献

[1] 杜伟杰，鲍冯军，肖树武. 关于引航艇接送引航员安全保护措施的研究[C]//2011年苏浙闽沪航海学会学术研讨会论文集. 杭州，2011：247-249.

[2] 陆悦铭. IMO和IMPA关于新的引航员登离船装置要求已经生效[J]. 航海，2013(2)：51-54.

[3] 任未峰. 宁波港大风浪中引航艇安全转运引航员操作方法研讨[J]. 中国水运(下半月)，2013，13(8)：23-25，55.

[4] 王权，庄盛发. 引航员登离船存在风险和安全对策[J]. 中国水运(下半月)，2014，14(3)：40-41.

[5] 俞正惠，陆悦铭，梁锐. 对引航员接送船艇的设计设想[J]. 航海，2014(3)：52-55.

[6] 吴永明. 引航艇是引航员安全登离的另一个关键[J]. 中国水运，2014(4)：56-59.

[7] 薛一东. 我国引航艇的现状及发展要求[J]. 水运管理，2015，37(2)：1-3.

[8] 胡坤,陆悦铭,沈建华,周弘文. 引航员登离船中存在的安全隐患和对策[C]//2015年中国引航论文集,2016：78-81.

[9] 崔晓鸣. 上海港大风浪引航作业区登离轮注意事项[J]. 中国水运(下半月)，2016，16(1)：33-34.

[10] 周彬彬. 引航员登离船装置的风险分析与安全措施研究[J]. 港口经济，2016(3)：56-58.

[11] 谢松平. 由一起引航梯断落事故引起的登离船安全思考[J]. 中国水运(下半月)，2016，16(4)：53-54.

[12] 薛一东. 高速艇介绍及对引航艇建造的建议[J]. 航海技术，2016(4)：60-62.

[13] 刘志军，陆悦铭. 引航员登离船时存在的风险及对策[J]. 中国海事，2016(5)：40-42.

[14] 陆悦铭，胡何洋，唐兆其. 对用拖船接送引航员实践的思考[J]. 航海，2016(5)：21-22.

[15] 李林. 引航员登离船安全的思考[J]. 中国远洋航务，2017(1)：68-69.

[16] 路军. 如何避免引航梯断裂事故的发生[J]. 中国水运(下半月)，2017，17(1)：23-24.

[17] 纪大新. 引航员登离船时存在的风险及对策[J]. 中国水运，2017(3)：51 - 52.

[18] 陆悦铭. 重视引航员登离船安全刻不容缓[J]. 中国港口，2017(3)：49 - 52.

[19] 冯华. 引航梯相关规范的完善[J]. 航海技术，2017(2)：73 - 74.

[20] 慕永光. 浅谈 HULL MAGNET 在引航员登离轮装置中的应用[J]. 中国水运(下半月)，2017，17(8)：126 - 127.

[21] 杜增瑞. 引航员登离船安全问题探讨[J]. 航海，2017(5)：75 - 77.

[22] 张月联. 引航员登离轮安全探讨[J]. 珠江水运，2017(18)：84 - 85.

[23] 梁叶根. 广州港桂山西引航员登/离船水域设置的建议[C]//中国引航论文集 2017. 上海：上海浦江教育出版社，2018：104 - 107.

[24] 竹志君，李琦艳，朱冕，史英豪，王渊龙，许韬，黄成，徐丽春. 引航船/艇船员素质状况的调查及提高[C]//中国引航论文集 2017. 上海：上海浦江教育出版社，2018：220 - 225.

[25] 陈炎城，邵俊岗，陆悦铭. 基于“人、机、料、环、管”因素的引航员登离船风险探讨[C]//中国引航论文集 2017. 上海：上海浦江教育出版社，2018：306 - 311.

[26] 刘永盛. 引航梯安全问题的探讨[C]//中国引航论文集 2017. 上海：上海浦江教育出版社，2018：258 - 261.

[27] 周樾枫，李亮. 致人身伤害的引航员登离船风险防范[C]//中国引航论文集 2017. 上海：上海浦江教育出版社，2018：123 - 126.

[28] 张宗京. 引航员安全登船方式选择与事故预防之间关系[J]. 珠江水运，2018(7)：85 - 87.

[29] 李永忠. 引航员登离船风险研究[J]. 中国水运(下半月)，2019，19(2)：24 - 25.

[30] 陈建华，潘国华. 创新是引航员登离轮安全的有效保障[J]. 中国水运，2019(3)：22 - 23.

[31] 刘凤武，李延伟. 我国直升机接送引航员发展分析[J]. 航海，2019(2)：39 - 42.

[32] 韦小军. 增强引航员登离船装置安全性的措施[J]. 航海技术，2019(3)：104 - 106.

[33] 谢春华. 直升机接送引航员的演变及相关要求[J]. 航海，2019(4)：47 - 50.

[34] 陈业俭. 深圳港引航员登离船安全风险识别及控制[J]. 世界海运，2019，42(4)：20 - 23，27.

[35] 庄瑜. 引航员登离轮的安全风险及对策[J]. 船舶物资与市场，2019(6)：75 - 76，79.

[36] 吴光耀. 天津港新港港区引航员登离轮区(点)优化建议[J]. 天津航海，2020(2)：26 - 29.

[37] 何海舰. 引航员登离船装置的风险分析与引航员登离船安全措施研究[J]. 珠江水运，2020(7)：7－8.

[38] 池静莲. 引航员登离船安全辅助设备分析[J]. 世界海运，2020，43(8)：31－33.

[39] 金磊. 船舶引航员登离船的风险及其保护[J]. 航海，2020(3)：45－47.

[40] 陆悦铭，陈秀学，张昊翔，陈玮. 引航员登离船的安全风险及建议[J]. 中国港口，2020(10)：44－47.

[41] 唐英杰，李亮. 引航员长江口离轮风险分析及方案探讨[J]. 航海，2020(6)：39－42.

[42] 陈智，李寅，杨龙霞，王震. 引航员软梯 ISO 799 欧盟认证试验分析[J]. 船舶标准化工程师，2021，54(3)：4－8，62.

[43] 卫宏斌，沈灏，陈玮，陆悦铭. 引航员登离船装置改进和完善的建议[J]. 航海，2021(4)：7－10.

[44] 张国平. 引航员登离船过程中的风险管理：以广州港为例[J]. 广东交通职业技术学院学报，2021，20(4)：28－32.

[45] 刘秋林，胡坤. 宝山引航作业区拖船抑浪挡风接送法的设计与实践[J]. 船舶物资与市场，2021，29(7)：7－9.

[46] 李永泉. 关于船舶引航梯固定装置应用的思考[J]. 科技与创新，2021(16)：79－80，82.

[47] 李彬. 引航员登离船装置的风险分析与安全措施的探究[J]. 珠江水运，2021(21)：35－36.

[48] 张永强，韩光. 引航员登离船安全和登离船前后船舶操纵安全浅析[J]. 航海技术，2021(5)：27－29.

[49] 李寅，朱强. 引航员软梯国际标准中存在的问题及未来研究方向探讨[C]//2021 海峡科技专家论坛暨海峡两岸航海技术与海洋工程研讨会论文集. 厦门，2021：175－195.

[50] 李义斌，冯军委，丁启亮，李鑫. 基于引航员坠落风险的故障树分析探讨[J]. 航海，2022(1)：58－61.

[51] 李涛. 浅析引航员登离船安全[J]. 中国水运，2022(1)：114－116.

[52] 陈建华，潘国华. 国际引航协会 2021 年引航梯安全调查报告的启示[J]. 中国水运，2022(2)：114－116.

[53] 曹进辉. 船用引航员软梯系固安全调查研究[J]. 船舶物资与市场，2022，30(3)：27－30.

[54] 李文伟. 浅谈新形势下引航员登离船的安全[J]. 珠江水运，2022(8)：29－31.

附　图

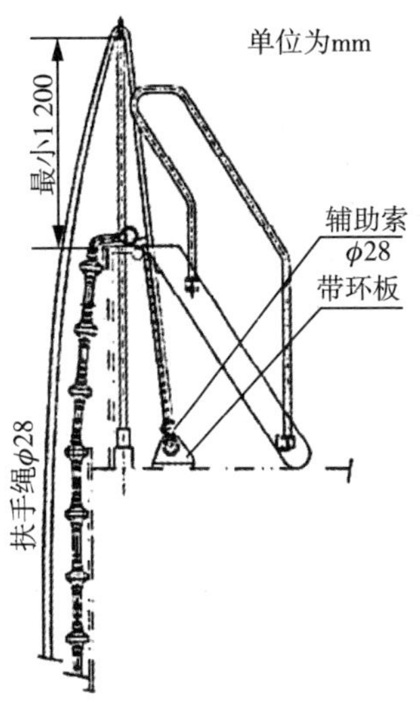

图 A.1　舷墙处软梯的长度全部使用时

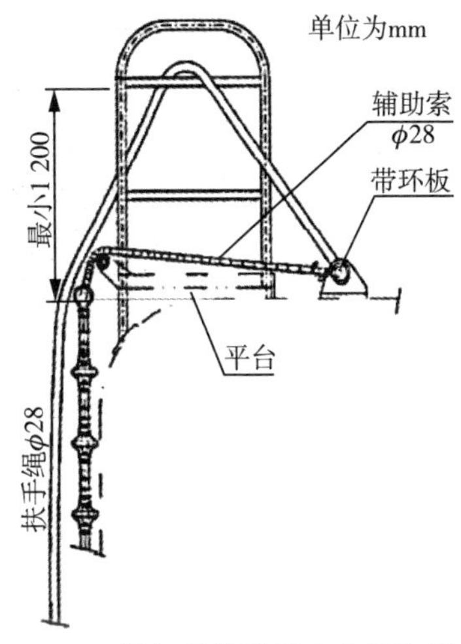

图 A.2　栏杆处软梯长度全部使用时

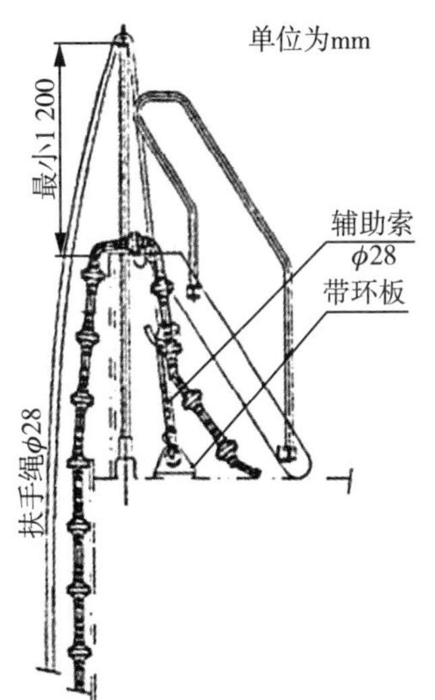

图 A.3　舷墙处软梯的长度不能全部使用时

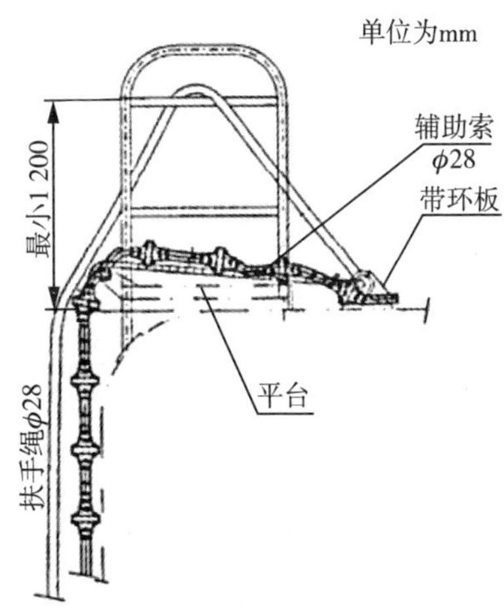

图 A.4　栏杆处软梯长度不能全部使用时